読書は世界を広げ
脳を成長させる。
茂木健一郎

뇌과학자는
이렇게 책을 읽습니다

뇌과학자는
이렇게 책을 읽습니다

✦ 휩쓸리지 않는 나만의 축을 세우는 법 ✦

모기 겐이치로 지음 | 한주희 옮김

어썸그레이
AWESOMEGREY

책을 읽는다는 굉장한 기쁨

지금 세계는 '챗GPT'를 비롯해 AI(인공지능)라는 무시무시한 기술혁신의 물결 앞에 서 있다. 말 그대로 백 년에 한 번 오는 대변혁기를 눈앞에 두고 있다 해도 과언이 아닐 것이다. 나의 뇌과학 연구의 출발점이 인공지능이었던 만큼 지금의 눈부신 변화에 개인적으로 강한 관심과 자극을 느끼고 있다.

반면 한편으로는 AI의 등장으로 자신의 직업이 사라지지 않을까, 기술의 진보에 따라가지 못하면 어쩌나 하는 우려 섞인 목소리도 심심찮게 나오고 있다.

독서의 관점에서 보면 '정보나 지식은 AI로 충분히 습득할 수 있는데 군이 책을 읽을 필요가 있는가?', '인터넷으로 검색하면 모든 게 다 나오는 세상에 책의 시대는 끝'이라는 둥 극단적인 목소리도 나오고 있어 책을 읽는 행위 자체의 의미가 퇴색되고 있는 느낌이다.

그렇다면 AI가 등장하고, 인터넷이 널리 보급된 세상에서 책을 읽어야 하는 이유는 무엇일까? 나는 '교양'을 기르기 위해서라고 생각한다. '교양'이란 정보나 지식의 양을 단순히 늘리기만 한다고 길러지는 것이 아니다. 이는 AI와 다르지 않다.

인간만이 지닌 '교양'이란 내 몸으로 체화된 정보가 뇌에 업데이트되고 그 정보를 바탕으로 인생을 더욱 풍요롭게 만드는 행위이다. 바꿔 말하면 '지금의 나보다 더 나은 나로 만들어주는 것'이라 할 수 있다.

그리고 이 '교양'은 독서를 통해 기를 수 있다. 독서는 일생에 걸쳐 우리의 세계를 확장하고 우리를 독려해 더 나은 삶으로 인도한다.

인생의 결정적 격차를 만드는 법

만유인력의 법칙을 발견한 아이작 뉴턴(Isaac Newton,

1642~1727)은 이렇게 말했다.

"내가 멀리 볼 수 있었던 건 거인들의 어깨에 서 있었기 때문이다."

뉴턴 같은 천재도 혼자 힘만으로는 위대한 발견을 하기 어려웠음을 의미하는 말이다. 뉴턴은 선인들이 쌓아 올린 발견과 지식을 책으로 흡수하고, 이를 체화해 독창적인 발상으로 이끌어 냈다. 즉, 뉴턴은 거인의 어깨(지금까지 읽은 책)에 올라서 이전에는 없었던 새로운 개념인 '만유인력의 법칙'을 발견할 수 있었던 것이다.

이를 통해 우리는 '읽은 책의 높이만큼 성장한다.'라는 진리를 깨닫게 된다. 가령 책을 500권 읽으면 500권의 높이만큼 지식의 토대가 쌓이고 그 토대의 높이만큼 더 멀리 세상을 조망할 수 있다. 50권이면 50권, 100권이면 100권만큼 더 넓은 시야를 갖게 된다.

그렇다면 독서는 '과거에 내가 읽은 책의 권수만큼 살아가는 데 필요한 지혜를 쌓아주고, 누구도 따라잡을 수 없는 인생의 격차를 만드는 행위'라 할 수 있지 않을까?

이 책에서는 먼저 독서가 뇌의 기능을 자극한다는 사실을 뇌과학적 관점에서 살펴본 후 독서를 통해 교양을 체화하기 위해 어떤 책을 읽어야 하는지 각 장의 주제별로 소개한다. 그다음 구체적인 책의 활용법과 AI시대에 맞는 독서법에 관해 이야기한다.

제1장에서는 '독서가 뇌에 주는 효과'를 과학적 근거와 함께 살펴본다.

제2장에서는 진정한 교양인이 되기 위한 기초 토대인 '스스로 생각하는 사람'이 되기 위해 어떻게 생각하고 행동해야 하는지, 여기에 도움이 되는 책은 어떤 책들인지 소개한다.

제3장에서는 2장에서 소개한 '스스로 생각하는 사람'의 사고를 만들기 위한 발판으로 '세계를 확장하는' 독서법과 책을 소개한다.

제4장에서는 '공감 능력과 커뮤니케이션 능력을 기르기 위한 독서', 주로 소설에 관해 이야기한다.

제5장에서는 '역경에 맞서 각오를 다질 때 도움이 되는 책'이란 주제로 역경에 직면했을 때 도움이 되는 책과 삶에서 필요한 마음가짐에 관해 이야기하고자 한다.

제6장에서는 '뇌를 최적의 상태로 만들어주는 독서법'을 주

제로 양적 독서와 독서 시간을 확보하는 방법, 오디오북 활용 등 구체적인 독서법에 관해 다룬다.

제7장에서는 'AI시대에 슬기롭게 살아남기 위한 독서 플러스 알파'라는 주제로 기존의 독서에서 나아가 '독서+인터넷', '독서+행동'이라는 새로운 독서법을 제안한다.

나에게 책은 하나의 살아있는 "생명체"와 같다. 만나서 성장하고 삶을 함께하는 친구 같은 존재. 한 번으로 그치는 일회성 만남이 아니라, 삶의 어느 순간마다 함께 이야기를 나누고 그 안에서 새로운 관점을 발견하고, 고민이 있을 때는 조언을 주기도 하며 아무것도 아닌 한마디로 위로를 주기도 하는 존재다.

이 책이 여러분에게 책을 읽는다는 굉장한 기쁨을 깨닫는 경험이 되길 진심으로 바란다.

모기 겐이치로(茂木健一郎)로부터

목차

제1장   독서는 왜 뇌에 좋을까?

제4장   **공감능력과 커뮤니케이션 능력을 키워주는 독서**

제7장   AI시대의 슬기로운 독서법

제1장
독서는 왜 뇌에 좋을까?

강화학습을 하면 뇌에 형성된 정보전달 회로가 곧 도로의 기능을 한다. 예를 들어 독서를 통해 만들어진 도로를 반복해서 사용하면 일반도로였던 것이 점차 정비되면서 고속도로처럼 닦이고 전보다 훨씬 빨리 목적지에 도착하게 도와주는 것과 같은 이치다.

독서 습관으로 만들어진 도로는 언어를 관장하는 전두전야와 단어의 의미를 이해하는 전두엽을 연결하는 다리 역할을 한다. 이 두 곳을 연결하는 도로가 고속도로가 된다면 어떻게 되겠는가.

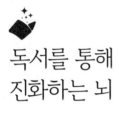

독서를 통해
진화하는 뇌

'독서가 우리 뇌에 미치는 영향'은 크게 세 가지로 나눠 요약할 수 있다.

첫째, 독서를 통해 뇌가 진화한다.

둘째, 독서는 뇌에 긍정적인 자극을 준다.

셋째, 독서에는 실생활에서 활용할 수 있는 일곱 가지 장점이 있는데, 다음과 같다.

1. '센스'와 '판단력'을 길러준다.

2. 창의력이 풍부해진다.

3. 독서는 뇌에 긍정적인 영향만 남긴다.

4. 집에 독서환경을 갖추면 아이의 학습 능력이 올라간다.

5. 우하향하는 '집중력'은 독서로 우상향된다.

6. 하루 30분 독서는 스트레스를 날려준다.

7. 독서로 치매를 예방할 수 있음이 입증되었다.

먼저 첫 번째 '독서를 통해 뇌가 진화한다.'는 이야기부터 시작해보자.

영국의 수학자 루이스 캐럴(Lewis Carroll, 1832~1898)의 동화 『이상한 나라의 앨리스』의 속편 『거울 나라의 앨리스』라는 책이 있다.

책에 나오는 붉은 여왕은 쉬지 않고 달린다. 이를 이상하게 여긴 앨리스가 여왕에게 "왜 달리느냐?"고 묻자, 여왕은 "이 나라에서는 계속 달리지 않으면 항상 같은 장소에 머물게 된다."고 대답한다. 이 이야기를 읽으면 지금 우리가 살고 있는 시대는 마치 붉은 여왕이 사는 세상과 비슷한 것 같다. 잘 살아가기 위해서뿐 아니라 한 곳에 머물지 않기 위해 쉬지 않고 달려야 하기 때문이다.

프로그래머가 항상 새로운 언어와 시스템을 공부하지 않으면 살아남을 수 없듯이 자기 사업을 하는 사람도 자기 분야를 계속 공부하지 않으면 사업에서 도태되는 시대가 온 것이다.

이런 이야기를 하면 '사회에 나와서도 평생 공부를 해야 하다니 정말 피곤한 시대'라며 지레 겁을 먹거나 초조해하는 사람도 있을 것이다. 예전에 공부는 학창 시절까지만 하면 되는 것이었다며 말이다.

하지만 부정적으로만 생각할 필요는 없다. 왜냐하면 평생 공부를 통해 우리의 뇌는 진화하기 때문이다.

공부를 하면 우리 뇌에 다양한 변화가 일어나는데 그중 하나가 뇌는 공부를 통해 빅데이터를 축적한다는 사실이다.

우리의 뇌 속에 있는 방추상회(紡錘上回)는 '색깔', '사람의 얼굴이나 신체적 특징', '단어와 숫자', '카테고리 분류 및 인지' 등을 처리하는 기능을 담당한다. 우리가 공부를 하면 이 '방추상회'에 정보를 보내 뇌에 빅데이터가 축적된다.

가령 책을 읽고 단어나 숫자 데이터가 뇌에 축적되면 해당 정보가 빅테이터로 저장된다. 정보가 축적되어 메타인지(객관시)를 가능하게 하고 '다음 트렌드는 이거야!'처럼 예측력을 높여주거나 '이번 프로젝트에 필요한 자료는 이거야!'와 같은 판단력을 높여주기도 한다.

또 독서를 하면 뇌의 다양한 부위가 활성화된다는 사실이 밝혀졌다. 문자를 눈으로 따라가는 과정에서 '시각피질(visual cortex)'이 활성화되고, '각회(angular gyrus)'가 활성화된다. 그 밖에도 언어를 이해하는 부위인 '베르니케 영역(Wernicke's area)'이나 '브로카 영역(Broca's area)', 기억과 감정을 조절하고 행동 제어, 상황 판단, 미래 예측 등 고도의 정신활동을 관장하는 '전두전야(前頭前野)'도 활성화된다.

이처럼 독서를 하면 뇌의 다양한 영역이 활성화됨을 알 수 있는데, 뇌가 활성화된다는 건 무슨 의미일까?

뇌도 신체의 일부이므로, 운동과 비교하면 이해하기 쉬울 것이다. 매일 운동을 하면 몸에 근육이 붙고 체력이 좋아져 운동능력이 향상된다. 뇌도 이와 마찬가지로 많이 사용하면 사용할수록 단련되어 더 효율적으로 기능이 향상된다. 반대로 평소에 뇌를 자주 사용하지 않으면 기억력이 퇴화하거나 매사 깊은 사고를 하지 못해 뇌의 기능이 점점 퇴화한다. 근력 운동을 하지 않으면 근육이 감소하는 것과 마찬가지다.

독서를 습관으로 만들면
뇌에 '고속도로'가 뚫린다

책을 읽으면 창의력이 자극되고, 감동을 느끼거나 설레고 흥분되기도 하는데, 이는 뇌 속에 도파민이라는 신경물질이 분비되어 신경세포 간 신경전달을 활발하게 만들어주기 때문이다. 이때 뇌는 오감이 극도로 활성화되고 동시에 도파민을 대량으로 분비한다.

도파민 분비는 쾌감을 수반하기 때문에 이를 한번 경험해본 사람은 계속해서 쾌감을 느끼고 싶어 한다.

즉, 책을 읽으며 감동을 느끼고, 지식과 정보를 얻는 쾌감을 느끼면 우리 뇌에선 새로운 지식에 대한 욕구를 강화하는 신경회로가 강화되고 독서를 통한 도파민 분비로 독서 습관이 생기는 것이다. 이를 '강화학습'이라 하는데 이 회로는 사용하면 사용할수록 강화된다.

강화학습을 반복하여 뇌에 지속적인 자극을 주면 '뇌의 용량이 확장된다'는 사실도 밝혀지고 있다. 뇌의 정보처리는 신경세포 간 신경전달회로(시냅스)라는 연결 회로를 통해 이루어진다. 그리고 이 시냅스의 연결로 뇌의 용량이 늘어난다.[1]

그렇다면, 독서가 습관이 되고 이를 장시간 지속할 경우 뇌의 용량은 계속 늘어날까?

꼭 그렇지는 않다. 용량이 무한정 늘어나는 것이 아니라 뇌 내의 '도로'의 흐름이 원활해진다고 보면 된다.[2]

강화학습을 하면 뇌에 형성된 정보전달 회로가 곧 도로의 기능을 한다. 예를 들어 독서를 통해 만들어진 도로를 반복해서 사용하면 일반도로였던 것이 점차 정비되면서 고속도로처럼 닦이고 전보다 훨씬 빨리 목적지에 도착하게 도와주는 것과 같은 이치다.

독서 습관으로 만들어진 도로는 언어를 관장하는 전두전야와 단어의 의미를 이해하는 전두엽을 연결하는 다리 역할을 한다. 이 두 곳을 연결하는 도로가 고속도로가 된다면 어떻게 되겠는가. '전두전야와 전두엽 간의 흐름이 원활'해짐으로써 뇌의 작용이 보다 활발해지고, 뇌 기능이 향상되는 것이다.

독서가 주는 자극은
수준이 다르다

종종 '독서는 뇌에 좋은가?'라는 질문을 받곤 한다.

여기까지 읽은 여러분은 독서가 뇌에 좋다는 사실을 이제 알게 되었을 것이다. 이번에는 책을 읽을 때 뇌 안에서 일어나는 '상징 처리의 다이내믹스'에 관해 이야기해보자.

우리는 '평화의 상징' 하면 비둘기를 떠올린다.

'상징 처리의 다이내믹스'란 비둘기를 평화의 상징이라 생각하듯 특정 사물(여기서는 비둘기)을 뇌 안에서 별도의 상징(평화)으로 치환하는 것을 의미한다.

이는 인간의 뇌가 지닌 가장 본질적인 작용 중 하나이다. 특정 대상을 하나의 상징으로 승화하는 처리 과정이 복잡하면 복잡할수록 뇌에는 양질의 자극이 가해지고, 더욱 활성화된다.

일상생활에서 우리가 자주 목격하는 상징으로 스마트폰의 이모티콘을 들 수 있다. 이모티콘은 '상징 처리의 다이내믹스' 중 단순한 부류에 속한다. 왜냐하면 "^_^=웃음", "ㅜ.ㅜ=슬픔"으로 상징(기호)과 의미의 대응이 '일 대 일(1 : 1)'로밖에 치환이 되지 않기 때문이다. 즉, 뇌 안에서 일어나는 의미 치환 작업이 그다지 높은 수준을 요하지 않는 것이다.

한편 훌륭한 문학작품의 경우 독자가 작품 속에 등장하는 상징을 수용할 때 뇌 안에서 일어나는 '상징 처리의 다이내믹스'가 더욱 중층적이고 복잡해진다. 문학작품에서 상징에 대응하는 의미는 하나만 존재하지 않기 때문이다. 하나의 상징에 다양한 의미가 부여되고, 스토리 전개와 복선 등의 요소와 맞물려 상징이 더욱 중층적인 의미를 가지며 발전해 간다. 이런 문학작품을 읽는 동안 우리 뇌 안에서는 복잡한 처리 과정이 일어나게 되고, 그것이 뇌에 긍정적인 자극을 주게 된다.

같은 원리로, 단시간에 술술 읽히는 가벼운 작품을 읽을 때보다 '상징 처리의 다이내믹스'가 복잡하게 일어나는 작품을 읽을 때 뇌에 더욱 좋은 자극을 줄 수 있는 것이다.

또 한 가지 중요한 이야기를 하자면, 동일한 문학작품을 읽더라도 자필 원고보다 활자로 된 원고를 읽을 때 뇌에서 더욱 깊은 차원의 상징 처리 작업이 일어난다는 사실이다.

자필 원고에는 작가가 원고를 퇴고한 흔적, 작가의 온기, 작가 특유의 서체가 남아 있어 자신이 존경하는 작가일수록 한층 깊은 감동을 느낄 수 있다. 그런데 신기하게도 아무리 위대한 작가의 손때 묻은 자필 원고라 하더라도 이를 작품으로 읽으면 자필로 된 원고가 문자의 순수한 의미를 방해하곤 한다. 자필 원고에는 좋든 싫든 작가의 개성이 짙게 반영되기 때문에 독자의 주관에 영향을 주기 때문이다.

따라서 작품의 매력을 가장 순수하게 받아들이기 위해서는 자필 원고보다 활자로 된 원고를 읽는 것이 좋다.

자필에서 활자로 상징 처리되면 독자는 자필 원고에 남아 있는 작가의 개성이나 생생함에 영향을 받지 않고 작품 그 자체에 빠져들어 자신만의 깊은 사유에 빠질 수 있는 것이다. 활자를 읽는 작업은 뇌 내에서의 복잡한 '상징 처리 다이내믹스'를 더욱 고도로 발달하도록 도와주는 역할을 한다.

책 내용은 잊어도
독서 체험은 남는다

'뇌에 긍정적인 자극을 주는 독서'는 '상징 처리의 다이내믹스'에만 국한된 것은 아니다. 독서의 또 한 가지 장점은 읽은 책의 내용을 잊어버려도 '무의식'의 영향으로 뇌 어딘가에 남는다는 것이다.

"책을 읽어도 바로 내용을 잊어버려요."

"모처럼 독서를 했는데 자세한 내용은 다 날아가버리고 대충 줄거리만 기억나요."

"분명 읽을 때는 깨닫는 점도 많고 재미도 있었는데 시간이 좀 지나면 내용이 도통 기억이 안 나요."

이런 경험을 한번쯤 해본 적 있을 것이다.

이럴 때 '모처럼 독서를 했는데 내용은 기억도 안 나니 어디 써먹을 데도 없고……. 독서는 역시 시간 낭비야.'라는 생각이 들지 모른다. 당연히 그럴 수 있다. 실제로 시중에 나온 독서법에 관한 책 대부분은 장기기억으로 저장하는 독서법, 읽은 내용을 잊어버리지 않는 방법 등을 주로 다루고 있기 때문에, 내용을 잊어버리면 쓸모 없다고 생각할 수 있다.

그러나 나는 읽은 책의 내용이 기억나지 않아도 상관없다고 생각한다. 읽은 내용을 모조리 기억하려 하지 않아도 될 뿐 아니라 극단적으로 말하면 읽은 내용을 바로 잊어도 괜찮다. 이는 내가 독서를 '체험'의 영역으로 생각하기 때문이다.

우리가 실제로 체험한 것은 설령 사소한 내용이나 사건은 잊어버린다 해도 시간이 지나서 문득 떠오르는 경우가 있다. 어떤 상황을 마주했을 때 '아, 전에 읽은 책에서 이와 비슷한 이야기가 나왔는데……' 하고 문득 깨달을 때가 이런 경우에 해당한다.

한 권의 책을 읽고 그 책에서 얻은 구체적인 정보보다 오히려 2, 3년 지난 후 문득 떠오르는 '무의식의 축적'이야말로 그 사람이 얻은 독서 체험의 귀중한 성과라 할 수 있다.

'무의식의 축적'이라 함은 우리가 평소에 읽은 책 내용을 잊어버려도 뇌 안에 책에 관한 기억이 어딘가 저장된 상태를 말한다. 읽은 책의 내용을 잊어버렸다면 그 책을 읽을 당시 그 사람에게 그다지 중요한 정보가 아니었거나 그 시점에는 이해하지 못한 정보였을 가능성이 있다.

그럼에도 시간이 지난 후 떠올랐다면 그 시점에 그 사람에게 중요한 정보로 그 위치가 바뀌었거나 다양한 경험을 거치며 예전에는 이해되지 않았던 내용이 이해되었기 때문일 것이다.

독일의 철학자 쇼펜하우어(Arthur Schopenhauer)는 독서에 관해 다음과 같은 말을 남겼다.

'진실과 생명은 본래 자기 안에 뿌리내린 사상에만 잠들어 있는 법. 우리가 진실로 완전히 이해하였다 함은 스스로 생각했기 때문이다. 책을 통해 얻은 타인의 생각은 타인의 사상의 운동장, 모르는 사람이 벗어놓은 껍데기에 불과하다.'

현실적으로 쓸모 있는
독서의 7가지 장점

1. '센스'와 '판단력'을 길러주는 독서라는 딥러닝

최근 첨단 기술 분야에서 가장 주목받고 있는 기술 중 하나가 AI 딥러닝(Deep Learning · 심층학습)이다. 딥러닝이란 인간 뇌의 신경회로를 모방한 다층 구조 형태의 뉴런 네트워크를 이용해 학습 능력을 향상한 기계학습의 모델 중 하나이다. 지금까지는 AI는 복잡한 문제를 해결하지 못하고, 데이터를 저장하는 데 시간이 오래 걸린다는 문제점이 지적되어 왔으나 딥러닝 기술을 통해 복잡한 데이터를 단시간에 대량으로 기억하고 학습할 수 있게 되었다.

애초에 딥러닝 기술은 인간의 뇌 시스템을 컴퓨터로 재현하고자 한 AI 연구에서 출발했다. 인간의 뇌는 1,000억 개가 넘는 신경세포로 이루어져 있고, 이 신경세포가 서로 긴밀히 연결되면서 회로가 만들어지고 그 회로가 더 많은 회로와 연결되면서 다양한 명령을 수행한다.

간단히 말해 이 신경세포의 연결(뉴런 네트워크)을 만들어내기 위한 강화학습이 딥러닝인 것이다.

그리고 이 신경회로를 연결하기 위해서는 데이터 축적이 중요하다. 즉, 우리 뇌는 다양한 지식과 경험을 외부에서 받아들여 내부에서 축적하는 딥러닝을 하는 것이다. 그 결과 새로운 신경회로가 생성되고 이를 통해 뇌가 진화한다.

이 데이터 축적을 위해 빼놓을 수 없는 것 중 하나가 독서이다.

예를 들어, 소설부터 비즈니스, 역사, 과학, 논픽션에 이르기까지 분야를 막론하여 책을 읽으면 글을 읽는 감각이 길러지고, 그 과정에서 좋은 문장과 그렇지 않은 문장을 구별할 수 있는 순간이 찾아온다. 바로 이것이 딥러닝의 과정에 해당한다.

물론 딥러닝 대상은 문장에만 국한되지 않는다. 대상은 사람일 수도 있다. 소설을 읽고 여러 사람과 생각을 나누며 내가 좋아하는 사람, 싫어하는 사람, 친해지고 싶은 사람, 거리를 두고 싶은 사람을 빠르게 판단할 수 있게 된다.

모든 분야에서 모든 경험을 직접 하기란 불가능하므로 내가 흥미를 느끼는 일, 좋아하는 일, 업무에 활용해 보고 싶은 일 등 독서를 비롯해 다양한 일을 접하면서 일단 경험을 하나씩 축적한다. 이 과정에서 판단력과 센스가 길러지는 것이다.

2. 창의력이 풍부해진다

새로운 것을 발명하거나 기획하고, 어떤 문제점의 개선안을 도출할 때 우리 뇌는 측두엽에 저장된 과거의 다양한 기억을 불러와 새로 입력된 기억과 연결해 의미별로 분류하거나 수정하며 편집을 시작한다.[3] 이 작업이 바로 '창조'에 해당하는 행위이다. 이 작업을 관장하는 부위가 전두전야인데 전두전야는 사고 및 창의력 등 고도의 뇌 기능을 담당하는 뇌의 최고 사령부라 불린다.

책을 읽으면 뇌는 외부에서 들어오는 지식을 이해하기 위해 기존에 축적된 지식을 불러와 재편집 과정을 거친다. 이런 과정이 창조의 과정과 동일하며, 독서가 습관이 된 사람의 뇌에서는 전두전야와 전두엽을 잇는 뉴런의 기능이 강화되어 풍부한 창의력이 길러진다.

3. 독서는 뇌에 긍정적인 자극만 준다

주제별로 피험자에게 독서를 하게 한 후 뇌에 미치는 영향을 조사한 연구가 있다.

첫 번째 실험에서는 '동물 학대'에 관한 책을 읽은 집단과 동물에 관한 내용이 아무것도 없는 책을 읽은 집단을 비교했다. 독서 후 전자는 동물 애호에 높은 관심을 보인 반면, 후자는 동물 애호에 대한 관심이 독서를 하기 전과 별반 달라지지 않았다는 결과가 나왔다. 이는 독자가 '동물 학대'에 관한 책을 읽으면 그 결과 '동물 애호'에 관심이 높아짐을 시사한다.

두 번째 실험에서는 '폭력적인 내용'이 담긴 문장을 읽은 집단과 그렇지 않은 집단으로 나눠, 폭력적 내용을 읽는 것이 공격적인 사고에 영향을 주는지에 관해 조사했다. 그 결과 각각의 집단에는 별반 눈에 띄는 차이가 관찰되지 않았다.

독자의 상상력을 자극하는 책을 읽을 경우 독서 후 그 책을 읽은 수용자에게 영향을 주지만, 부정적인 내용의 책을 읽은 경우에는 딱히 수용자에게 영향을 미치지 않은 것이다.

이는 독서가 긍정적인 내용만 기억에 남기는 경향이 있음을 시사한다.[4]

4. 집에 독서 환경을 갖추면 아이의 학습 능력이 올라간다

내가 어렸을 때 부모님은 나에게 '공부하라'는 말을 전혀 하지 않으셨다. 그 흔한 '학원 가라'는 말도 하지 않으셨다. 그 덕분에 나는 학원 수업도 과외도 받지 않고 주도적으로 공부할 수 있었다. 이런 부모님의 교육관은 철저히 자녀의 자주성에 맡기기 위함이었다.

다만 집 한쪽에 마련된 아버지의 서재에는 수많은 책이 있었다. 어린 시절 아버지를 동경하며 책을 읽곤 했다. 그 경험이 지금의 나를 만든 것이 아닌지 싶다.

아무튼 내가 자란 가정환경, 특히 아버지의 장서와 관련이 있다는 실마리를 준 흥미로운 학술논문 하나를 소개한다.

2018년에 학술지 '소셜 사이언스 리서치(Social Science Research)'에 호주국립대학과 미국 네바다대학의 연구팀은 책과 관련된 흥미로운 조사 결과를 발표했다. 연구팀은 2011년부터 2015년까지 31개국 및 지역에서 25세~65세의 16만 명을 대상으로 진행한 '성인(成人) 경쟁력에 대한 국제조사(Programme for the International Assessment of Adult Competences · PIAAC)' 데이터를 분석했다.

그 결과 '60세가 된 시점에 집에 책이 몇 권 있느냐가 성인이 된 후의 읽고 쓰는 능력, 숫자 기초연산, IT기술 습득 수준과 비례한다.'는 사실이 밝혀졌다. 그리고 데이터를 분석한 연구팀은 '어린 시절 집에서 책을 자주 접하는 것이 평생의 인지능력 향상에 영향을 준다.'고 주장했다.

조사에서는 60세 시점에 집에 책을 몇 권이나 보유하고 있는지 피험자에게 질문한 후 피험자의 읽고 쓰는 능력, 수학, 정보통신기술 능력을 테스트했다. 그러자 책을 거의 접하지 못한 가정에서 자란 사람의 경우 읽고 쓰기 능력이나 수학능력이 평균 이하로 나타났다.

집에서 책을 많이 접했던 사람일수록 테스트에서 높은 점수를 받았다. 집에 책을 보유하고 있는 수량은 80권 정도가 테스트에서 평균적인 점수를 기록했다. 보유수량 30권 이상부터 책의 권수와 테스트 결과가 비례하는 경향을 보였다.

또 조사에 따르면 최종학력이 고등학교 졸업 이하라 해도 책으로 둘러싸인 환경에서 자란 사람은 책이 거의 없는 환경에서 자란 대졸자와 성인이 된 후의 읽고 쓰기 능력, 수학, IT능력에 별반 차이가 없다(굳이 따지면 둘 다 평균)는 것이다. 이 결과를 바탕으로 연구팀은 읽고 쓰는 능력, 수학 기초연산에서 어린 시절 독서의 교육적 효과가 크다고 결론 내렸다.[5]

이 조사에서 흥미로운 점은 집에 책이 많을 때 기대되는 읽고 쓰기 능력뿐 아니라, 수학 능력도 강화되었다는 점이다. 즉 이 조사는 독서의 이로운 점이 '어린 시절에 책을 읽으면 성인이 되어서도 읽고 쓰는 능력이 좋아진다'는 단순한 결론에 그치지 않음을 보여준다.

나아가 집에 있는 책을 읽든 읽지 않았든 효과에는 변화가 없었다고 한다. 즉, '책을 많이 읽으면 학습 능력이 좋아진다'는 단순한 이야기가 아니라 핵심은 '아이들이 부모나 타인이 책에 둘러싸여 있는 모습을 자주 목격하는 것'이라고 연구팀은 결론 내렸다.

'아이는 부모의 뒷모습을 보고 자란다'는 말이 있는데 책으로 둘러싸인 환경 자체가 '부모의 뒷모습'인 것이다. 아이들에게 있어 '평범함'은 항상 본인의 가정이 기준이 된다. 부모가 평소에 책을 읽거나 공부하는 모습을 보며 자란 아이라면 '어른들은 모두 공부를 하는 사람'이라고 생각한다. 반대로 부모가 매일 TV만 보거나 게임만 하는 집에서 자란 아이에게는 그 모습이 어른의 전형으로 자리 잡는다.

책으로 둘러싸인 환경에서 자라면 설령 아이가 책을 읽지 않는다 하더라도 아이는 책을 읽는 어른의 모습을 보며 자랐기에 스스로 공부하는 아이로 성장한다.

이 때문이라도 부모는 책장을 정리하거나 공부를 하는 등 먼저 자신이 모범을 보이려는 마음을 가질 필요가 있다.

5. 우하향하는 집중력은 독서로 우상향된다

스마트폰과 컴퓨터가 보급된 현대사회에서 우리에게 가장 중요한 화두로 자리 잡은 것 중 하나가 바로 '집중력'이다.

우리의 뇌는 방대한 여러 개의 일을 동시에 처리하는 놀라운 능력이 있지만, 마찬가지로 처리 능력이 현저히 한정된 영역도 존재한다. 바로 '집중력'이라는 영역이다. 일반적으로 우리의 뇌는 한 번에 하나씩만 집중하도록 설계되어 있다.

"에이, 거짓말. 나는 멀티태스킹으로 빠르게 여러 가지 일을 처리하는데?"

물론 반론하는 사람도 있을 것이다. 그러나 여러 가지 작업을 동시에 처리하고 있다고 생각해도 하나의 작업에서 다른 작업으로 집중의 대상을 바꿔가며 여기 조금 저기 조금 집중력을 분산하고 있는 것이다.

그리고 집중의 대상을 전환할 때 뇌의 의식은 조금 전까지 하던 작업에 머물러 있다. 즉, 다른 작업으로 집중을 옮긴다 해도 뇌의 일부 처리능력은 앞선 작업에 의식이 남아 있는 상태인 것이다. 이는 집중하는 대상을 전에 하던 작업으로 옮겨갈 때도 마찬가지이다.

뇌에는 하나의 작업에서 다른 작업으로 옮겨갈 때, 그리고 원래 작업으로 다시 돌아올 때마다 전환 시간이 필요한데 집중하는 대상을 전환한 후 다시 원래 작업으로 집중력을 전환할 때까지 몇 분이나 걸린다고 한다.

즉 우리는 멀티태스킹에 취약함에도 불구하고 동시에 여러 작업을 하려고 하는 것이다. 예를 들어, 집에서 영화를 볼 때 스마트폰을 손에 쥐고 있으면 메일이나 SNS 알람에 신경을 빼앗겨 자신도 모르게 핸드폰을 힐끗거리곤 한다. 디지털 매체의 개입이 일어나면 일어날수록 집중이 분산되는데 이를 거부하기란 좀처럼 쉽지 않다.

인간의 뇌는 집중을 빼앗는 대상이 주변에 많을수록 주의력이 떨어진다. 특히 스마트폰 사용이 보편화되면서 많은 사람들이 이전보다 집중력 저하를 호소하는 경향이 짙다.

이번에는 우리 뇌 안에 집중력과 관련된 부위에 관한 이야기를 해보자.

뇌의 전두엽 앞쪽에 DLPFC(배외 측 전두전야)라는 부위가 있다. 이 부위는 집중력을 발휘할 때 사용되는 회로로 이른바 뇌의 사령탑인 IQ(지능지수)와도 관련이 깊다고 알려져 있다.

독서에 집중하고 있는 뇌는 DLPFC가 활성화된 상태라 할 수 있다. 이 부위를 단련하기 위해서는 세밀한 부분에 집중하는 것이 포인트다.

즉, 단순히 독서를 한다고 DLPFC가 활성화되어 집중력이 발휘되는 것이 아니라 본인에게 한 단계 어려운 수준의 책을 참고 인내하며 읽을 때 집중력이 올라가는 것이다. 독서 중에 스마트폰 알람이 울려도 신경 쓰이지 않을 정도로 집중할 수 있으면 뇌의 집중력이 상당히 향상된다.

나아가 평소에 어느 정도 소음이 있는 곳에서 집중할 수 있는 훈련을 하면 DLPFC를 단련할 수 있다. 예를 들어 회사에서 업무 시간을 생각해 보면 의외로 사무실 안에 소음이 존재하는데, 평소에 일정 수준의 소음이 있는 환경에서 집중하는 훈련을 하면 사무실에서도 주의를 빼앗기지 않고 업무에 집중할 수 있을 것이다.

6. 하루 30분 독서는 스트레스를 날려준다

독서에는 스트레스를 경감하는 효과가 있다고 알려져 있다.

미국의 미네소타대학에서 진행한 독서에 관한 연구에서는 하루 30분, 어떠한 방해도 없는 조용한 장소에서 독서하는 시간을 확보하기를 권장하고 있다.[6] 단, 속독으로 읽는 것이 아니라 본인의 속도에 맞춰 읽어야 스트레스 경감 효과가 더욱 올라간다고 한다.

그렇다면 어떤 책을 읽어야 할까?

전자책도 상관없으나 밤에 잠자리에 들기 전에 독서를 하는 사람의 경우 디스플레이 화면의 빛이 수면을 방해하므로 종이 책으로 읽기를 추천한다. 또, 스트레스 해소에 적합한 장르로 미네소타대학의 연구팀은 소설이나 본인의 취미 관련 서적, 평소 흥미가 있던 장르, 너무 어렵지 않은 책을 읽기를 권한다. 반면 신문이나 뉴스 기사 등은 스트레스 경감에는 역효과를 준다고 하니 참고하면 되겠다.

개인적으로는 고전이나 소설 등 픽션을 추천한다.

뇌는 스트레스를 감지하면 뇌 내에 스트레스 호르몬이 분비되어 자율신경에 교란이 오고 컨디션 저하 및 불면, 우울감 등의 증상을 일으키는 원인으로 작용한다.[7] 그런데 고전이나 소설을 읽으면 책 속의 세계에 빠져서 몰입하게 되고 이때 뇌 내에서 도파민이 분비되어 스트레스 호르몬 분비를 억제하는 효과를 기대할 수 있다.

또 이야기에 몰입하면 현실의 스트레스와 압박에서 해방되어 뇌에 휴식을 주고 뇌를 재충전하는 효과도 있다. 나아가 좋아하는 책을 읽으면 도파민 등 쾌감 보수계 물질이 분비되어 기분을 고양하는 효과도 기대할 수 있다.

7. 치매 예방 효과가 입증된 독서

'이 나이 먹어서 책을 읽어봤자 무슨 소용이야.'

'이제 와서 책에서 새로운 지식을 배우려니 귀찮아.'

'기억력이 떨어져서 책을 읽어도 돌아서면 다 까먹는데 읽어서 뭐 해.'

이처럼 나이가 들수록 독서를 시간 낭비라고 생각하는 사람들이 많다. 정말 나이를 먹으면 독서는 시간 낭비일 뿐일까?

실제로는 그와 반대로 독서가 치매 예방에 효과가 있을 가능성이 제기되고 있고, 치매 환자를 대상으로 한 독서 효과에 관한 연구는 상당히 많이 진행되었다. 여기서는 미국의 러쉬 의과대학 의료센터의 연구팀이 진행한 흥미로운 연구 결과에 관해 소개해 보겠다.

연구팀은 294명의 고령자를 대상으로 그들이 사망하기 전까지 평균 5~8년간에 걸쳐 기억력과 사고력 테스트를 매년 실시했다. 이와 동시에 독서와 음악 감상, 글쓰기, 체스와 같은 게임, 연극 관람이나 미술관, 박물관 방문, 아이와 시간 보내기 등 뇌에 자극을 주는 습관을 하고 있는지에 관해 질문했다.

그 결과 유년기부터 뇌에 자극을 주는 활동을 꾸준히 해온 빈도에 비례하여 기억력과 사고력의 저하가 늦춰진다는 사실이 밝혀졌다.

특히 삶의 후반기부터 독서 등의 지적 활동을 한 빈도가 높은 사람에서는 평균 수준의 사람과 비교했을 때 32% 정도의 치매 억제 효과가 나타났다. 반대로 뇌에 자극을 주는 활동을 거의 하지 않은 사람은 평균 수준의 사람과 비교했을 때 치매 진행 속도가 48% 빨라진다는 사실을 발견했다.

또 해당 연구에서 피험자 사망 후, 뇌 해부를 통해 치매 징후 여부를 확인했다. 알츠하이머는 뇌 내에 '아밀로이드 베타(Aβ)'라는 단백질이 과도하게 축적되는 특징을 보이는데, 뇌에 자극을 주는 활동을 한 사람은 그렇지 않은 사람보다 뇌 내에 아밀로이드 베타가 적게 축적되었다는 사실이 밝혀졌다.[8]

뇌과학에서는 사람이 사망해도 일정 시간 심장이 완전히 멈추지 않는 것처럼 뇌도 인간이 살아 있는 한 계속 변화한다는 것이 현재까지 정설이다.[9] 실제로 나이와 상관없이 신경 간세포는 끊임없이 새로 생성된다는 사실이 많은 연구를 통해 밝혀지고 있다. 따라서 아무리 나이를 먹어도 독서와 같은 지적인 활동을 지속하며 뇌에 자극을 주면 치매 예방에도 효과가 있다.

제2장

내 인생의 주도권을
쥐기 위한 독서

참고 회사에 머무는 방법을 선택할 수도 있고, 큰맘 먹고 그만둘 수도 있다. 둘 중 어느 쪽을 선택해야 할지는 누구도 모른다. 다만, 내가 해줄 수 있는 조언은 여기서 좌절하지 말고 자신의 가치관에 따라 둘 중 하나를 선택하는 결단을 내려야 한다는 것이었다. 결단을 내린다는 것은 곧 인생의 주도권을 쥔다는 의미이기 때문이다.

자신의 철학과 가치관이 제대로 자리 잡지 않은 상태에서는 자신만의 원리원칙이 없는 상태이므로 애초에 둘 중 어느 쪽도 선택할 수 없다. 이는 자신의 인생을 타인의 결정에 맡기는 것과 같다.

절대적인 권위에 도전한
나쓰메 소세키

이번 장에서는 스스로 생각하는 사람이 되기 위해 권위와 재능조차 의심하고, 매사 자신의 가치관에 따라 판단하는 것이 얼마나 중요한지 이전에 내가 감명을 받으며 읽은 책과 함께 소개하고자 한다. 나아가 나만의 기준을 갖기 위한 훈련법과 독서, AI에 관해서도 이야기하고자 한다.

내가 진심으로 존경하는 작가 중 한 명이 나쓰메 소세키(夏目漱石)이다.

나쓰메 소세키의 작품은 젊은 시절부터 지겹도록 읽었음에도 마흔이 훌쩍 넘어서야 비로소 작품의 진정한 의미가 와 닿았다.

아직도 이해하지 못한 부분이 있을지도 모르지만 말이다.

그의 대표작 중에 『산시로』라는 작품이 있다. 나는 이 작품을 스무 번 넘게 읽었는데, 읽을 때마다 새롭게 다가온다. 지방에서 도쿄로 상경한 청년 산시로가 학업과 연애, 인간관계 사이에서 고뇌하는 모습을 그린 소설인데, 나쓰메 소세키는 이 작품 속에서 매우 깊은 통찰을 보여준다.

산시로는 도쿄제국대학(지금의 도쿄대학)에 입학하기 위해 구마모토에서 도쿄로 상경하는 기차 안에서 '히로타'라는 인물과 만난다. 물론 그 당시에는 초면이므로 이름도 모르는 채였다.

이 히로타 선생이 플랫폼에 있던 서양 여인을 보고 이렇게 말한다.

"역시 서양 여인은 참으로 아름답군."

산시로가 적당히 맞장구를 치자 선생은 계속 이야기를 이어간다.

"이런 얼굴에다 이렇게 허약해서야 아무리 러일전쟁에서 승리해서 세계 제일가는 일등 국가가 되었다고 해도 틀려먹은 거지. 하기야 건물을 봐도, 정원을 봐도 모두 얼굴과 상응하는 거지만 말이야. 자네는 도쿄에 처음이라면 아직 후지산을 본 적 없겠군. 곧 창밖으로 보일 테니 잘 봐두게. 그게 일본 제일의 명물이니까. 저것 말고 일본에 자랑할 만한 것은 하나도 없지."

때는 메이지 시대. 일본이 유럽, 미국과 같은 선진국의 뒤를 좇기에 열을 올리던 시대였다. 따라서 이런 소설 속 대사에도 생생한 시대감이 엿보인다.

히로타 선생의 말을 듣고 산시로는 이렇게 답변했다.

"하지만 앞으로 일본도 점점 더 발전해 나가겠지요."

그러자 히로타 선생은 굳은 얼굴로 말했다.

"망하겠지."

히로타 선생은 이어서 말했다.

"구마모토보다 도쿄가 넓네. 도쿄보다 일본이 넓고, 일본보다 우리의 머릿속이 더 넓겠지. 얽매이면 안 되네. 아무리 일본을 위한다고 해도 무조건 감싸기만 하면 도리어 나라를 망칠 뿐이니까."

이 말을 들었을 때 산시로는 정말 구마모토를 떠나왔음을 실감했다.

나쓰메 소세키가 살던 당시 일본은 메이지 유신을 겪고 문명개화를 이뤄, 청일, 러일 전쟁이라는 두 전쟁에서 초강대국을 상대로 승리를 거뒀기에 대부분의 국민들은 나라를 찬미하기에 바빴다. 시바 료타로(司馬遼太郎)의 『언덕 위의 구름』을 읽으면 당시 분위기가 어땠는지 잘 알 수 있다.

그러나 나쓰메 소세키는 이 황금기인 메이지 시대에 쓴소리를 아끼지 않았다. 이대로 가면 일본은 멸망할 것이라고. 이러한 비판적인 관점을 글로 쓰는 것 자체가 나쓰메 소세키의 지성인의 면모를 보여준다 할 수 있다. 나쓰메 소세키 자신도 영국 유학을 거치며 서구 열강의 저력을 눈으로 확인하고 좌절과 고뇌를 뼈저리게 느꼈다. 따라서 히로타 선생의 비판적인 시각은 곧 작가 자신의 생각이기도 한 것이다.

히로타 선생과 대화를 나눈 후 산시로는 어쩐지 신경 쓰이는 사람이라 생각했으나 도쿄에 가면 저런 사람쯤 셀 수 없이 많으리라 생각하고 잊어버렸다. 행색도 초라하고 열차의 삼등석에 탄 보잘것없는 사람이라 생각하고 무시했다.

그런데 도쿄제국대학에서 수업이 시작되고 며칠이 지나자 교수들은 그저 단편적인 지식을 읊어 대기만 했다. 강의라 해봤자 전부 지루하기 짝이 없는 내용임을 깨달았다. 이때 비로소 산시로는 히로타 선생과의 대화를 떠올린다.

'대학에서 강의를 직접 듣고 보니 기차에서 만난 그 사내와 나눈 대화가 어쩌면 굉장히 의미 있는 말이었을지도 몰라.'

히로타 선생은 구 제국고등학교의 교사로 대학의 교수와 비교하면 사회적 지위는 낮았다. 그러나 산시로는 사회적 지위가 낮은 히로타 선생을 '위대한 어둠'이라 칭하며 존경했고, 제국대학에 있는 교수들보다 훨씬 그에게 강하게 끌렸다. 당시 도쿄제국대학의 교수라 하면 지금의 도쿄대학보다 훨씬 지위가 높았고 모두가 동경하는 하늘 위의 존재였다.

그러나 소세키는 절대적인 권위를 가진 도쿄제국대학의 교수를 '어차피 공허한 존재'라며 소설에 쓰고 있다.

스스로 생각하고 자신의 기준을 발견하기 위해서는 절대적인 권위조차 의심하는 나쓰메 소세키의 자세가 필요하지 않을까.

타고난 재능조차
절대적인 것은 아니다

소세키가 의심한 절대적 권위는 도쿄제국대학으로 대표되듯 '국가'나 '대학'과 같은 절대적인 권력이었다. 이는 일본의 메이지 시대 이야기이므로 지금 우리들과는 전혀 관계없는 문제일까?

현재를 살아가는 우리들 중에도 분명 절대적 권위에 대한 맹신이나 집착, 동경을 가진 이들이 있다.

예를 들어 '저 대학에 들어가지 못하면 대기업에도 못 가고 성공하긴 힘들 것'이라 생각하는 사람이 있을 것이다.

이런 생각의 근저에는 '편차치(偏差値, 한국의 표준점수에 해당한다.

-옮긴이)'라는 절대적 권위가 있다. 일본에서는 편차치라는 개념이 곳곳에 스며들어 있다. 편차치가 낮은 사람은 머리가 나쁘다는 편견, 대학 수준이 취업할 회사를 결정한다는 편견을 사람들에게 주입하고 스스로도 그 가치를 절대적인 것이라 믿는 것 같다.

그런데 정말 그럴까? 편차치는 절대적인 것일까? 좋은 대학에 들어가지 못하면 대기업에도 들어갈 수 없을까? 애초에 대기업에 취직하는 것이 인생의 성공일까? 뭔가 이상하지 않은가? 분명 그렇지 않은 세계도 있을 것이다. 이를 가르쳐준 책이 말콤 글래드웰(Malcolm Gladwell)의 『아웃라이어(OUTLIERS)』이다.

글래드웰은 미국 최고의 전통을 자랑하는 잡지 《뉴요커》에 글을 기고하면서 유명세를 얻은 인기 저널리스트로 다수의 베스트셀러를 출간했다.

『아웃라이어(OUTLIERS)』는 제목에서도 알 수 있듯이 세상에서 '보통 사람의 범주를 뛰어넘은 특별한 사람(천재)'이라 인정받은 사람들은 어떻게 세상에 이름을 알리고 성공의 반열에 오르는가. 한편, 아무리 재능이 있어도 꽃을 피우지 못하는 사람은 왜 그럴까? 이러한 '재능의 축복을 받은 사람들'에 관해 조사를 거듭하며 그 배경을 밝히고자 한 작품이다.

대부분 '천재? 그건 어차피 태어날 때부터 타고난 거 아니야? 그것 말고 다른 이유는 없어.'라며 외면하는 주제를 굳이 선택해, 그 본질에 접근하려 시도한 점이 이 책의 포인트다. 글래드웰이 책을 통해 든 예시들을 보면 '선천적으로 타고난 재능과 관계없이 누구나 천재적인 업적을 이룰 수 있다'는 그의 신념이 엿보인다.

작품 속에서는 편차치, 정확히 말하면 편차치가 아니라 IQ 관련 이야기도 나온다. 테스트로 측정하는 지적 능력은 사회적 성공과 관련이 있을까? 구체적으로 말해 IQ가 높은 사람은 낮은 사람보다 정말 위대한 업적을 남길까? 등을 주제로 다룬다.

IQ는 잠재 능력의 정도를 종합적으로 측정하는 지표라 알려져 있다. 그렇다면 IQ가 높은 사람이 낮은 사람보다 뚜렷한 업적을 남기는 것은 당연해 보인다.

가령 노벨상 수상자의 출신 대학은 어디일까? 하버드처럼 평균 IQ가 높은 사람들이 다니는 대학에 집중되어 있을까? 글래드웰은 2007년으로 거슬러 올라가 노벨 생리의학상과 화학상을 받은 미국인, 각각 25명의 출신 대학을 조사했다.

이 리스트를 보던 글래드웰은 '누구도 이 리스트를 보고 뛰어나게 머리가 좋은 고등학생들이 지망하는 대학 리스트라 하지 않을 것'이라고 말했다.

이어서 그는 이렇게 말했다.

"하버드대가 분명 다른 대학보다 많은 수상자를 배출했으나 하버드대가 가장 유복하고 역사적으로 가장 명성이 있는 대학이며 세계에서 가장 우수한 학생이 모이는 곳이라면 수상자 수가 가장 많아야 하는 것이 아닌가? 하지만 노벨상을 받기 위해서는 노트르담대학이나 일리노이대학과 같은 '어느 정도 우수한 대학'에 입학할 정도 수준이면 충분하다."

나아가 극단적으로 "명문대학은 입학을 위한 복잡한 입학 절차를 폐지하고, 기준점을 충족한 지원자 전체를 대상으로 제비뽑기를 하면 어떨까?"라고까지 말한다.

이 부분에서 나도 모르게 실소를 터트렸다. 대학 순위로 인생을 재단하는 것이 얼마나 어리석은지를 여실히 보여주는 제언이었기 때문이다. 미국에서는 하버드대에 진학하는 것이 노벨상 수상의 절대적 조건이 아니라는 사실도 시사하고 있다.

일본에서도 '대학 순위'가 존재하는데, 이 순위대로 성공이 보장되는 것이 아니라는 말에도 적용할 수 있는 이야기일 것이다.

『아웃라이어(OUTLIERS)』는 세계적인 베스트셀러 자리에 올랐다. 바꿔 말하면 전 세계인들이 흥미롭게 이 책을 읽었다는 뜻이므로 세상의 상식을 엿보기에 최적의 책이며 누구나 고개를 끄덕일 만한 기발한 통찰력으로 가득한 책이다.

일본 사회나 교육의 방향성에 관한 안티테제(Antithese)로 즉, '일본에 대한 쓴소리' 측면에서 읽어도 흥미로울 것이다. 이런 관점에서 보면 일본에서는 상식이 세계에서는 비상식적이라는 사실을 깨닫게 될지도 모른다.

내 인생의 주도권을
타인에게 넘겨줄 것인가?

얼마 전 업무상 알게 된 지인이 고민을 상담해왔다.

지인은 회사의 방침과 자신이 원하는 방향 사이에서 괴리를 느끼고 있는 듯했는데 회사를 그만두어야 할지 계속 다녀야 할지 고민이라고 했다.

확실히 쉽지 않은 문제다.

참고 회사에 머무는 방법을 선택할 수도 있고, 큰맘 먹고 그만둘 수도 있다. 둘 중 어느 쪽을 선택해야 할지는 누구도 모른다. 다만, 내가 해줄 수 있는 조언은 여기서 좌절하지 말고 자신의 가치관에 따라 둘 중 하나를 선택하는 결단을 내려야 한다는 것이었다. 결단을 내린다는 것은 곧 인생의 주도권을 쥔다는 의미이기 때문이다.

자신의 철학과 가치관이 제대로 자리 잡지 않은 상태에서는 자신만의 원리원칙이 없는 상태이므로 애초에 둘 중 어느 쪽도 선택할 수 없다. 이는 자신의 인생을 타인의 결정에 맡기는 것과 같다.

이제부터는 나만의 기준을 가지고 나만의 인생을 선택하는 사람이 되어보자. 이것이 바로 나만의 축, 바꿔 말하면 자신의 원칙을 가진 사람의 태도라 생각한다.

이 '원칙'에 관해 구체적으로 다루고 있는 책으로 시라스 지로(白洲次郎)의 『원칙 없는 일본(プリンスプルのない日本)』이 있다.

시라스 지로는 2차 세계대전 전에 영국으로 유학을 떠나 제삼자의 시선으로 일본이라는 나라를 조망할 수 있었던 인물이다. 전후에는 연합국총사령부(GHQ)의 지배하에 있던 일본에서 미국과 교섭을 벌이고 향후 일본이 앞으로 나아갈 방향에 관해 깊은 통찰을 보여준 인물이었던 만큼 그가 남긴 말에는 뛰어난 함축이 가득하다.

그의 저서에서도 잘 나타나 있듯이 일본인의 생활 태도에는 원칙 즉, 세상사에 대한 원리원칙이 결여되어 있다. 자신이 어떤 사람인지. 어떤 상황이 닥쳤을 때 어떻게 행동해야 하는지. 혹은 인간이란 모름지기 어떠해야 하는지. 인생이란 무엇인지 등의 고찰을 할 때 필요한 원칙 말이다.

시라스 지로는 평생을 통틀어 정치인이나 관리자라는 사람을 믿어본 적이 없다. 권위를 등에 업은 자들을 혐오하기 때문이다.

시라스는 일본이 원칙을 갖지 못하는 한 언제까지고 패전과 전후의 상황에서 탈출하지 못하리라 생각했다. 여기서 말하는 원칙을 가진다는 의미는 '이쪽의 절차를 따르라'라는 의미이다. 그래서 그는 패전 후 미국과의 교섭에서 "대등"을 주장했다.

다만, 시라스는 필요에 따라서는 타협하기를 주저하지 않았다고 한다. 그러나 동시에 "원칙이 없는 타협은 타협이 아니다. 그저 그 상황만 넘기려 하는 아첨일 뿐"이라고도 말했다.[1]

어떤 상황에서건 원칙을 관철한 시라스 지로의 삶의 방식은 자신의 기준에 따라 자신의 인생을 선택하기 위한 지침이 될 수 있을 것이다.

나만의 기준을 만들어줄
작품을 찾아라

처음부터 끝까지 너무 좋아 몇 번이고 반복해서 읽는 책을 만나는 일은 일생을 통틀어 몇 번 되지 않는다. 나의 경우 뒤에 나올(제3장에서 소개할) 『빨강머리 앤』과 『황제의 새 마음』이 여기에 해당한다.

나만의 기준이 되는 작품을 '카논(canon)'이라 한다. 원래는 기독교에서 사용한 말로 '경전', '움직이지 않는 기둥'이라는 의미이다.

'특수상대성이론'과 '일반상대성이론'으로 잘 알려진 물리학자 알베르트 아인슈타인(Albert Einstein)은 미겔 데 세르반테스

(Miguel de Cervantes Saavedra)의 소설『돈키호테』를 몇 번이고 읽은 것으로 유명하다.『돈키호테』가 아인슈타인의 카논이었던 것이다.

『돈키호테』는 중세의 기사도 이야기에 매료된 과대망상에 빠진 시골 기사 돈키호테가 스스로 깨달음을 얻고 세상의 편견에 맞서 모험을 떠나는 내용이다. 모험의 길에서 30~40대의 풍차를 맞서 싸워야 하는 거인으로 착각해 풍차로 돌진하는 대목이 가장 유명하다.

아인슈타인은 병으로 몸이 쇠약해지자 종종 침대에 누워 책을 읽었다고 한다. 돈키호테가 무모하게 풍차를 향해 돌진하는 모습에 자신을 이입하여 용기를 얻었던 것일까. 아니면 익살맞은 그의 모습에 실소를 터트리며 기운을 되찾은 것일까?

돈키호테의 머릿속은 오직 망상만으로 가득했지만 '망상'과 '현실의 세계를 바꿀 수 있는 원대한 꿈'은 사실 종이 한 장 차이일지 모른다.

예순의 나이에 품은 '빛의 속도로 달리면 빛을 멈춰서 관찰할 수 있지 않을까?' 하는 의문을 '상대성원리'라는 형태로 해답을 찾을 때까지 끈질기게 연구의 끈을 놓지 않은 아인슈타인에게 무모한 전쟁에 뛰어든 돈키호테가 친근하게 느껴졌으리라.

나만의 '카논'을 발견하기란 그 사람만의 스토리를 발견하는 일이기도 할 것이다.

창의적 발상을
자극하는 훈련법

스스로 생각하고 나만의 기준을 가진다는 것은 인생에서 중요한 사건의 우선순위를 결정할 수 있다는 의미이기도 하다.

나아가 나만의 기준이 생기면 독자적인 판단기준이 생기기 때문에 정보의 취사선택도 가능해진다. 그러면 많은 사람이 현혹되는 TV나 인터넷상의 정보에 혼선을 겪는 일도 없을 것이다.

나만의 기준이 되는 축을 만들기 위해서는 내 안에 있는 창의적인 발상을 자극하는 훈련이 도움이 된다.

내가 개인적으로 실천하는 훈련법이 하나 있다.

일전에 하루 일과 중 하나인 러닝을 하다 어느 이탈리안 레스토랑을 발견했다. 당시 속으로 '꽤 괜찮은 가게네'라고 가볍게 생각하며 그냥 지나쳤다. 그 후에도 레스토랑 앞을 지날 때마다 '느낌'이 좋아서 어느 날은 큰맘 먹고 들어가 식사를 했다.

역시나 '느낌'대로 음식이 맛있고 정갈했는데 식당 주인과 이야기를 나누다 생각지도 못한 이야기를 들었다.

이 식당이 AKB(일본의 인기 여자 아이돌 그룹 –옮긴이)의 음악 프로듀서로 잘 알려진 아키모토 야스시(秋元康)의 단골 가게라는 것이다. 식당 주인의 이야기에 따르면 아키모토 씨도 나와 같이 식당 앞을 지나가다 느낌이 좋아 들어왔다고 했다는 것이다.

이 이야기를 듣고 '역시 감각은 훈련으로 기를 수 있는 것'임을 깨달았다.

일본에서의 '맛집'은 인터넷의 맛집 정보나 입소문, 홍보 전단, 주변 사람이 다녀온 후기가 곧 맛집 정보로, 이 정보를 많이 알수록 미식가라는 호칭을 듣게 된다. 그런데 사실 이는 창의적인 발상과는 거리가 멀다. 스스로 정보를 수집하고 나만의 기준으로 맛집을 고르는 활동이 내 안에 있는 창의적인 발상을 기르는 훈련 중 하나이다.

아키모토 씨처럼 지나가다 우연히 만난 가게를 느낌만 보고 맛집임을 확신할 수 있는 사람이 자기만의 기준이 되는 축을 지닌 사람이라 할 수 있다.

그렇다고 갑자기 나의 감각에만 의지해 내 입맛에 맞는 식당을 발견하기란 어려운 일이다. 때로는 예상과 달리 맛이 형편없는 곳과 만날 수도 있을 것이다. 그러나 이렇게 몇 번이고 실패를 거듭하는 과정에서 '이 집은 맛집이야!' 하는 감각 레이더가 서서히 발달해갈 것이다.

쉬운 예를 들기 위해 맛집을 언급했지만, 이는 꼭 식당에만 해당하는 이야기는 아니다. 책이나 음악, 미술도 마찬가지다. 미지의 영역에 나만의 판단기준을 가지고 뛰어들어보는 것 자체가 나만의 축을 세우는 훈련이 될 것이다.

혼자 힘으로 힘들 때
선인의 지혜를 빌리자

미지의 영역에 뛰어들기 외에도 나만의 축을 단련하는 방법이 있다.

바로 선인들의 지혜를 빌리면 된다.

가령 회사에서 상사에게 이런 말을 들어본 적 없는가?

"자기 식으로 창의적인 제안을 가져와 봐."

하지만 아무리 머리를 쥐어짜도 창의적인 답이 떠오르지 않는 경우가 있었을 것이다.

이럴 때 철학적 소양이 있으면 든든한 무기가 된다. 철학이라 하면 막연히 어렵다는 이미지 때문에 고개를 저을 수 있지만 철학은 우리 생활 전반에 정말 많은 도움이 된다.

예를 들어 요즘 주목받는 24시간 편의점의 영업시간 제한에 관해 어떻게 생각하는지도 윤리의 근저를 파헤쳐 보면 철학자 칸트의 명제와 맞닿아 있다. 칸트는 그의 저서 『실천 이성 비판』에서 이렇게 말했다.

"네가 너 자신의 인격에서나 다른 모든 사람의 인격에서 인간성을 항상 그리고 동시에 목적으로서 대하고, 결코 한낱 수단으로서 대하지 않도록 하라."

이는 '모든 인간이 상대방의 인격을 수단이 아닌 목적으로 대하고 서로의 인간성을 최대한 존중하며 살아가는 관계'를 조건으로 성립하는 이상적인 사회를 의미한다.

내가 언제고 필요한 시간에 물건을 사러 가고 싶으니, 편의점은 24시간 영업을 유지했으면 한다면 편의점 직원의 인격을 수단으로만 취급한 것이 된다. 인격을 '객관적 사물'로 거래 수단 또는 도구로 취급하는(이용하는) 것이다. 한편, 인격을 목적으로 대하고 서로 존중하면 타자(이 경우 편의점 직원)를 소중한 존재로서 존중하고 '객관적 사물'로 취급하지 않게 된다. 즉, 상대의 인간성을 존중한다면 자신의 편의를 위해 편의점 직원이 밤새워 일하는 것에 대해 나는 어떻게 생각해야 하는가, 혹은 애초에 밤새워 일하도록 하는 것이 상대를 존중하는 행위일까를 고민해야 한다는 것이다.

이렇게 생각하면 칸트의 철학을 소양으로 익히는 것은 우리 생활과 결코 무관한 일이 아니다. 오히려 긴밀히 연결되어 있다 할 수 있다.

다시 철학적인 소양이 든든한 무기가 될 수 있다는 말로 돌아가보자.

내가 이제까지 살아온 경험에 비춰보면 난관에 부딪혔을 때 해답이나 해결책을 먼저 경험한 누군가가 이미 답을 내놓은 경우가 압도적으로 많았다. 장구한 역사 속에서 많은 위인과 성공한 사람들이 시간을 들여 고민한 끝에 실천한 해답이 철학이라 할 수 있다. 그러므로 철학적 소양은 우리 삶에 든든한 무기가 될 수 있는 것이다.

다양한 정보에 접근이 용이한 지금, 우리는 책이나 인터넷을 통해 매우 쉽게 귀중한 정보를 손에 넣을 수 있게 되었다. 살다가 난관에 부딪혔을 때에도 철학이라는 소양을 몸에 익혀 선인들의 지혜를 읽으면 혼자 생각할 때는 도저히 답이 나오지 않던 문제의 해답을 찾을 수 있다. 또, 내가 생각한 답이 정답인지 오답인지 걱정이 될 때도 선인들의 지혜를 빌려 내 답과 비교해보면 도움이 될 것이다.

'오타쿠'야말로
자존감이 높은 사람

　오타쿠란 대상이 무엇이든 주위에서 혀를 내두를 정도로 자신의 시간과 돈, 에너지 등의 자원을 쏟아부어 좋아하는 분야를 지독하게 파는 사람을 말한다. 이를테면 확고한 자신만의 취향을 가진 사람이라 할 수 있다. 극단적으로 말하면 기존의 권위에 영합하지 않는 사람들이다. 그렇기에 예전에는 '오타쿠'라 조롱을 받았던 것이다. 사실 나는 어릴 때부터 지독한 나비 오타쿠였다. 지금도 시간이 비면 나비를 취급하는 곤충 판매점에 가거나 매일 아침 러닝을 하며 나비를 찾는 즐거움을 만끽하고 있다.

내가 곤충에 흥미를 갖기 시작한 것은 다섯 살 무렵부터였다. 그때부터 희귀 나비를 잡으러 근처 숲이나 절에 드나들었다. 초등학교에 들어가서는 일본 인시목(鱗翅目)학회라는 나비와 나방을 연구하는 학술단체에 가입하거나 근처에 사는 곤충학을 전공하는 대학생들이 있는 연구소에서 조교로 일할 정도로 지독한 오타쿠였다.

나비를 쫓으면서 어떤 종류의 나비가 어디에 서식하는지, 어떤 경로로 비행하는지, 희귀종 나비의 종(種)이 어디에 서식하는지 등 나비의 생태에 관해 점점 자세히 알게 되었다. 종국엔 과학 전반에까지 관심의 범위가 확대되어 고단샤(講談社, 일본의 대형 출판사 -옮긴이)에서 나온 '블루벅스'라는 일반인 대상 과학서 시리즈까지 섭렵했다. 일반인도 알기 쉽게 쓴 책이라고는 하나 초등학교 산수나 이과 과목과는 전혀 관련이 없는 '상대성이론', '소립자 물리학', '우주론', '생명의 기원' 등을 주제로 다루는 책에까지 손을 뻗었다.

그중에 아인슈타인의 전기를 읽고 과학자로서의 태도에 홀딱 반해 크면 과학자가 되겠다고 결심했다.

좋아하는 일에 흠뻑 빠져 깊이 파다가 관련된 다양한 소양이 자연스레 몸에 익는 것이 오타쿠로 가는 과정이다. 그리고 운이 좋게도 그 과정을 거쳤기 때문에 내가 지금의 뇌과학자가 될 수 있었다고 생각한다.

요즘 대학생들과 이야기를 나누다 보면 오타쿠가 되는 경험을 하지 못한 학생들을 가끔 발견하곤 한다. 이 학생들은 학교에서 배운 것 외에 그 이상은 알려고 하지 않는 학생들이다. 입시를 위한 공부만 필사적으로 해온 학생들은 대학을 졸업할 때까진 나름 우수한 성적을 거둔다. 그러나 막상 사회에 나가면 '대체 지금까지 뭘 배운 거야? 이런 실력으로 살아남을 수 있을까?' 하며 자신의 정체성을 잃고 방황하는 경우도 있다.

언뜻 보면 멀리 돌아가는 것 같지만 자신이 좋아하는 일에 흠뻑 빠져 보는 것이 깊은 배움을 얻는 가장 빠른 지름길이다. 사람은 스스로 좋아서 하는 일을 할 때 힘든 줄 모르기 때문에 점점 더 깊이 빠지게 된다.

좋아하는 일을 마음껏 만끽하다 보면 그 길 끝엔 무엇이 있을까? 기술의 진보로 이제까지는 외면받았던 사람들(바로 오타쿠)이 사회에서 두각을 나타내는 시대가 왔다.

페이스북의 공동 창업자이며 메타의 회장 겸 CEO 마크 저커버그(Mark Zuckerberg)는 초등학교 때 컴퓨터를 갖자마자 프로그래밍을 시작해 중학교 때는 '게임 프로그래밍'을 하기에까지 이르렀다. 고등학교에 가서는 친구와 사용자의 음악 취향을 분석하는 프로그램을 만들어 마이크로소프트 등 굴지의 IT 기업에서 백만 달러에 구매하겠다고 제안했으나 거절했다. 저커버그는 그 시점부터 주위에서 천재라 불리게 되었는데 오만하고 내향적인 성격 탓에 친구가 없었다고 한다.

하버드 대학교에 입학한 저커버그는 천재 해커로 유명세를 탔고, 강의 정보 소프트웨어 '코스매치(coursematch)'와 교내 여학생들의 사진을 비교하여 인기투표를 하는 프로그램 '페이스매시(Facemash)'라는 사이트를 6개월도 채 되지 않아 완성했다. 두 사이트 모두 학생들 사이에서 큰 인기를 얻었는데 '페이스매시'를 만드는 과정에서 학교 서버에서 학생들의 사진을 도용하는 등의 불법행위로 근신 처분을 받기도 했다.

이 처분이 오히려 그의 기업가 정신에 불을 지폈고, 페이스북을 창립하는 계기가 된 것이다. 페이스북은 금세 폭발적인 인기를 얻었고, 서비스 개시 불과 한 달 만에 이용자 만 명을 돌파했다.[2]

저커버그의 성공은 어릴 때부터 프로그래밍이라는 자신이 좋아하는 일에 몰두하고, 깊이 파는 오타쿠였기에 가능한 일이었을 것이다. 연구실에 처박혀 다른 사람과 이야기를 나누지도 않는 학생으로 주변에서 오타쿠라 조롱을 받았을지언정 자신의 프로그래밍 능력으로 혁신을 일으킬 수 있었던 것이다.

만약 여러분이 주류가 아닌 비주류 오타쿠 같은 취미나 취향을 갖고 있다 하더라도 혹은 자녀가 철도도감이나 게임, 애니메이션에만 관심이 있어 걱정되거나 불안해도 괜찮다.

다가올 시대는 오타쿠일수록 거대한 혁신을 일으킬 가능성이 있는 시대이니 말이다.

챗GPT를 사용할 때
우리 뇌는 어떻게 느낄까?

생성형 AI를 기반으로 한 대화형 인공지능 챗GPT는 온라인에 떠도는 문장이나 뉴스 등 대량의 텍스트 데이터를 읽고, 유저의 요구에 맞춰 문장을 생성하는 구조이다. 이를 활용하여 보고서를 작성하거나 SNS상에서 마치 자기 생각인 양 게시글을 업로드 하는 일은 이제 우리 주변에서도 흔히 볼 수 있다.

이는 마치 '커닝으로 시험에서 만점을 받는' 행위와 비슷한 면이 있다. 언뜻 생각하면 선생님에게 칭찬을 받고, SNS에 올린 게시물 덕분에 '좋아요'나 '팔로워' 숫자가 늘어나는 등 나름 장점이 많아 보이지만, 과연 우리의 뇌는 이런 현상을 환영할까?

그렇지 않다.

챗GPT의 힘을 빌려 문장을 완성하는 행위는 우리 뇌에 부하를 수반하지 않기 때문에 아무런 자극도 주지 않을뿐더러 우리의 성장을 저해한다.

일전에 해석학자 요로 다케시 교수와 대화를 나누던 중 상당히 흥미로운 일화가 있어 소개한다.

내가 한 자연과학 잡지 특집호 편집장을 맡았을 때의 일이다. 당시 기사 집필을 다케시 씨에게 부탁하게 되었다.

아무래도 다케시 씨는 시간을 내기 힘들 테니 원고를 직접 작성하기보다 내가 인터뷰를 하고 그 내용을 받아 적어 실으면 어떻겠냐고 제안했다. 그러자 다케시 씨는 이렇게 말했다.

"글쎄요. 글은 직접 써야 보람이 있지요."

문장을 직접 쓴다는 것은 분명 자신을 깎아 단련하는 일이기는 하나 그만큼 보람도 뒤따르는 일이다. '맞아, 그랬지.' 뒤통수를 얻어맞은 듯 얼얼했다. 효율만 생각하다 보면, 종종 이런 '기쁨'을 놓치고 만다.

문자를 머릿속에서 조합해 문장으로 만들어 꺼내놓는 행위는 뇌에 자극을 주고 그 과정에서 상당한 에너지가 소모되어 효율이 좀 떨어질진 모르지만 그만큼 작업을 마친 후의 뇌는 이전보다 활성화되고 성장한다.

42.195km의 마라톤을 중간에 10km 정도 차를 타고 편하게 앉아 가다가 코스 말미에 다시 달려 결승선을 끊는다 한들 성취감을 느낄 수 없듯이 당연히 처음부터 끝까지 스스로 해냈을 때 기쁨도 느낄 수 있는 것이다. 이를 계기로 한 단계 성장해 비로소 보람과 기쁨의 맛을 음미하고, 다음 단계로 넘어갈 수 있기 때문이다.

챗GPT는
교육적으로 도움이 될까?

앞서 '챗GPT로 문장을 생성하면 뇌에 자극을 주지 않아 우리의 성장에는 도움이 되지 않는다.'고 말했는데 그렇다고 내가 챗GPT의 존재 자체를 부정하는 것은 아니다.

실제로 챗GPT는 메일 작성이나 내용 요약 및 번역, 자료 조사, 프로그래밍을 위한 단순한 함수 작성, 설계상 오류 체크, 식단 구성 등 그 활용 범위가 매우 광범위하다. 삶의 효율을 올려주는 이점 때문에 우리 생활에 없어서는 안 될 존재로 자리 잡았다. 나만 보더라도 연구에서 챗GPT를 활용하고 있다.

다만, 그 사용법에 관해서는 해결해야 할 과제와 문제가 남아 있다. 그중 하나가 '교육 분야에서의 챗GPT 활용 여부'에 관한 문제이다. 해외의 일부 학교에서는 학생들의 사고력 저하를 유발할 수 있다며 수업 중 챗GPT 사용을 금지한 곳도 있을 정도다.

나는 교육 현장에서 챗GPT의 필요성을 인정한다. 이유는 이제 AI가 우리 생활에 깊숙이 스며들어 AI를 친숙히 다루지 못하면 다가올 사회에서 살아남지 못할 것이라 생각하기 때문이다.

그러나 아래 세 가지 측면에서 주의가 필요한 것도 사실이다.

첫 번째는 현재 학자들도 주목하는 AI 환각(할루시네이션) 문제이다. 할루시네이션이란 AI가 사실에 기초하지 않은 정보를 생성하는 현상으로 AI가 마치 환각을 보는 것처럼 그럴듯한 거짓말(사실과 다른 내용)을 출력하는 데서 붙여진 명칭이다.

지금의 AI는 특정 질문을 하면 '알 수 없음'이란 답을 할 수 없도록 프로그래밍 되어 있다. 따라서 질문에 대한 정답을 모르는 경우에도 사실과는 다른 답을 내놓는 것이다.

이는 AI가 지닌 위험성이므로 보호자 없이 자녀 혼자 사용하게 하는 것은 위험하다. 자녀가 챗GPT를 사용할 때는 학교 선생님이나 주변에 보호자가 있을 때로 한정하고 답이 사실과 다를 때에는 '사실과 다름'을 인지시키고 올바른 지식과 상식을 가르쳐야 한다. 위험하다고 무턱대고 피하는 것이 능사가 아니라 어릴 때부터 자연스럽게 AI에 접하게 하는 것이 리터러시 (특정 분야의 지식과 이를 활용하는 힘) 교육 관점에서 필요하다.

두 번째는 챗GPT가 만든 문장을 독후감이나 논문, 보고서에 그대로 베끼는 표절 문제이다. AI가 생성한 문장과 인간이 작성한 문장을 판별하는 기술에 관한 연구가 이루어지고 있으나 현재로써는 완벽하다고 말하기 어렵다. 따라서 인간의 지성을 바탕으로 작성되어야 할 논문이 AI의 '대필'로 작성되는 부정행위가 일어날 가능성을 배제할 수 없다.

세 번째는 챗GPT에 대한 지나친 의존으로 야기되는 기억력과 문장력 감퇴 문제이다. AI가 탑재된 장기 소프트웨어로 패배한 대국을 분석한 장기 기사 후지이 소타처럼 AI를 활용하여 자신의 능력을 향상하는 데 사용할 수 있다면야 좋겠지만 아이들 스스로 그렇게 활용하기엔 무리가 있다.

따라서 교육 현장에서 챗GPT를 올바르게 활용하기 위한 방법을 가르쳐야 한다고 생각한다. '인간력(人間力) 향상'을 전제로 한 교육이 현장에서 이루어져야 한다고 생각한다.

구체적으로는 보조적인 도구로 챗GPT를 활용하고 문장을 스스로 작성하거나 스스로 생각하는 습관을 들여 인간 고유의 능력을 고양하도록 지도해야 한다. 또, AI가 생성하는 정보의 진위를 판별하는 힘을 기르고 AI의 부정 사용이 어째서 옳지 못한 행동인지를 포함해 AI를 악용하지 않도록 교육해야 한다.

우리의 일상에 AI가 깊숙이 들어온 지금 어른이나 아이 할 것 없이 그저 막연히 AI를 두려워만 할 것이 아니라 AI와 조화롭게 공생해 나갈 방법을 연구하는 편이 지금 시점에 필요한 자세일 것이다. 그리고 AI와 조화로운 공생을 위해서 우리의 '인간력(人間力)'이 그 어느 때보다 중요해질 것이다.[3]

종이책과 전자책,
용도를 정하자

나는 종이책과 전자책의 각각의 장점을 즐기며 그때그때 용도에 맞춰 활용한다.

이 둘의 구분법에 관해 말하자면 책의 장르나 목적, 필요성 등에 따라 나누고 있다. '이 분야는 전자책으로 읽어도 되지만, 이 작가의 책은 반드시 종이책으로 읽어야겠어.' 혹은 다양한 분야의 책을 다독(多讀)하는 경우에는 전자책, 집중해서 통독(通讀)해야 하는 경우에는 종이책을 선택한다.

참고로 다독용으로는 전자책, 통독용으로 종이책이란 구분 방식은 꽤 합리적이다. 전자책의 장점으로 '간편한 휴대성'을 들 수 있다. 이동 중 책을 읽을 경우 예전에는 백팩에 몇 권이나 되는 책을 넣어 다녔으나 무겁기도 하고 번거로웠는데 전자책으로 이 고통에서 해방되었으니, 이것만으로 전자책은 내게 상당한 이점을 가져다주었다.

전자책은 '자리를 차지하지 않는' 점도 매력적이다. 나는 직접 책을 사기도 하지만 출판사나 주변에서 책을 받을 때도 많기 때문에 집에 책이 점점 늘어난다. 그렇게 되면 책이 차지하는 공간만 해도 상당해서 책 보관법에 골머리를 썩이기도 하는데 전자책으로 읽으면 그럴 걱정이 없다.

통독용으로 종이책이 좋은 이유는 깊이 읽기가 가능하다는 점이다. 몇 번이고 반복해서 읽으며 행간을 파악할 수 있다. 또, 이는 통독에만 해당하는 이야기는 아닌데 '전체를 파악하기 쉽다.', '마음에 드는 구절을 찾기 용이하다.', '사건의 순서를 시계열로 기억하기 쉽다.' 등의 장점도 있다.

'전체를 파악하기 쉽다.'에 관해 살펴보면, 종이책은 한 권 전체를 넘겨보며 내용을 파악할 수 있고, 책의 두께를 보고 '지금 읽고 있는 곳'을 짐작으로 알 수 있으며, 한 권 전체의 두께를 손으로 만지며 느껴볼 수 있다. 책의 무게나 두께를 느끼는 양적 감각은 독자에게 독서할 때 '여기까지 읽었다'는 동기부여가 되기도 하는데 이는 책을 읽는 기쁨으로 연결해 주는 중요한 요소이다.

'마음에 드는 구절을 찾기 용이하다.'라는 말은 '이 이야기가 이쯤에 있었던 것 같은데' 하고 막연히 검색할 때 단연코 종이책 쪽이 훨씬 찾기 쉽다는 의미이다. 전자책에는 종이책처럼 두께가 없기 때문에 직감적으로 책의 전체상이나 현재 지점을 파악하기 어려워 검색이 어렵다. 다만 키워드를 입력해 특정 단어를 찾는다면 전자책 쪽이 단연 빠르다. 책을 읽다 모르는 단어가 나왔을 때 그대로 복사해 인터넷에 검색할 수 있다는 점도 편리하다.

전자책은 목적이 확실할 때 사용하기 좋고, 종이책은 폭넓게 내용을 파악할 때 편리해 서로의 역할에 차이가 있다.

'사건의 순서를 시계열로 기억하기 쉽다.'라는 건 다음 연구 보고서를 보며 살펴보자.

노르웨이 스타방에르대학 안네 망엔(Anne Mangen) 교수의 연구에서 피험자 50명에게 28페이지 분량의 단편 소설을 읽게 하는 실험을 진행했다. 25명에게는 종이책으로, 나머지 25명은 전자책으로 읽게 한 후 책에 등장하는 인물과 사물, 설정 등에 관해 질문했다.

등장인물이나 설정, 이해한 내용을 떠올리는 실험에서는 두 그룹 모두 비슷한 점수를 얻었다. 그러나 책 내용에 나오는 장소를 시계열로 나열하라는 테스트에서는 전자책으로 읽은 사람이 종이책으로 읽은 사람보다 훨씬 낮은 점수를 받았다.

이 결과를 바탕으로 망엔 교수는 '전자책에는 종이책이 독자에게 주는 스토리의 재현을 도와주는 힘이 없다.'고 지적했고, '이야기의 진행 순서에 따라 종이를 넘기며 함께 나아가는 작업이 일종의 감각적 보조 기능을 한다. 즉, 촉각이 시각을 보조한다는 것이다. 필시 이 점이 독서의 진척도와 이야기의 진행을 더 확실하게 기억하게 도와주는 것.'이라고 주장했다.[4]

전자책과 종이책은 읽기에 적합한 장소도 다르고, 편의성, 만졌을 때 느껴지는 감촉도 다르다.

같은 책이라도 전자책으로 읽는 것과 종이책으로 읽는 것은 정보를 얻는다는 점에서는 같을지 모르지만, 체험으로서는 전혀 다른 독서 경험을 선사한다.

예를 들어 영화를 스마트폰으로 보는 것과 영화관에서 보는 것은 체험의 질적 측면에서 차이가 있다. 따라서 영화를 어디서나 볼 수 있는 시대가 되었지만, 영화관에서 보기를 즐기는 사람들이 사라지지 않는 것이다.

그때 누구와 어떤 길을 걸어 영화관에 갔던 경험, 주변 사람의 풍경 등도 포함해 체험이 완성된다. 책도 내용만으로 기억이 형성되는 것이 아니다. 그 책을 읽었던 시간이나 계절, 당시 자신의 감정도 모두 포함해 독서 경험이라 할 수 있는 것이다.

제2장에서 다룬 책

『산시로』 나쓰메 소세키

『언덕 위의 구름』 시바 료타로

『아웃라이어』 말콤 글래드웰

『원칙 없는 일본(プリンスプルのない日本)』 시라스 지로

『돈키호테』 미겔 데 세르반테스

제3장

내 안의 세계를 확장하는 독서

책을 읽는다는 것은 정보를 그대로 뇌에 복사하는 것이 아니다. 자신의 감정을 움직여 체험하는 일이다. 그리고 내가 아닌 다른 사람을 이해하는 일이기도 하다.

또, 독서로 뇌 안에 축적된 지식은 '발효'되고 발전한다. 습득한 지식이 나의 과거와 미래의 경험과 연결되어 새로운 의미가 생겨나고 나도 모르는 새에 발전해 간다. 이러한 발효 과정을 거쳐 비로소 '지성'과 '식견'이 내 안에 뿌리내리게 된다.

책을 읽으면
어휘력과 문해력이 일취월장한다

　이번 장에서는 제2장에서 설명한 '스스로 생각하는 사람'이 되기 위한 사고법과 행동을 바탕으로 '내 안의 세계 확장하기'를 위한 독서법에 관해 이야기한다. 한 권의 책을 만남으로써 새로운 아이디어를 얻기도 하고, 앞으로 나아갈 길을 발견하거나 이상적인 사회의 모습에 관해 생각하는 계기를 발견할 수도 있는 것이다.

　독서는 아이들의 뇌 성장에 매우 중요한 역할을 한다.

　당연한 이야기지만 갓 태어나자마자 말을 할 수 있는 아기는 없으며, 상대방이 하는 말을 바로 이해할 수 있는 아기도 없다.

아기는 성장하면서 부모나 주변 사람이 하는 말을 반복해서 들으며 뇌에서 대량의 인풋이 일어나 뇌에 지식과 단어를 축적하며 말을 배운다.

아직 글자를 읽을 수 없는 어린아이는 신생아 시절과 마찬가지로 대화를 통해 인풋을 하고 읽고 듣기를 중심으로 글을 배워나간다. 그러나 대화나 읽고 듣기를 통한 인풋은 어쨌든 양과 질에 모두 한계가 있다. 그래서 어느 정도 연령이 되면 아이에게는 독서를 통한 인풋이 필요하다.

글자를 읽을 수 있게 된 아이는 책에서 모르는 단어나 지식을 습득하기 시작한다. 그러면 인풋의 양이 극적으로 늘어나 뇌 내에 축적된 지식과 어휘에 가속이 붙고 이와 함께 자신의 세계를 확장한다.

독서의 장점은 무엇보다 어휘력에 있다. 부모나 친구와 이야기할 때 사용하는 단어와 달리 책에는 복잡한 표현이 다수 사용되기 때문이다. 가령 단순하게 "즐겁다"라는 표현의 경우 즐겁다는 단어 안에 포함된 뉘앙스가 상당히 다양하다.

어휘력이 풍부한 사람은 우여곡절이라는 단어에서 이런저런 일이 단번에 잘 풀리지 않고 멀리 돌아 겨우 결실을 맺은 상황이라는 이미지를 떠올린다. 그러나 우여곡절이란 단어를 모르면 뉘앙스의 차이를 이해하기 어려울 것이다.

젊은 사람들이 자주 사용하는 속어(슬랭) 중에 '에모이'(エモい, 일본어로 '감성 충만', '추억 돋는다'란 의미의 신조어 -옮긴이)란 말이 있다. 영어의 'emotional'에서 유래한 말로 '마음이 동해 아무 말도 할 수 없는 기분'이란 의미로 사용된다.

에모이는 기쁘거나 슬플 때 모두 사용 가능하기 때문에 에모이란 단어에 익숙한 사람은 이 단어 하나를 가지고 자유자재로 감정을 표현한다. 이는 우리의 뇌가 익숙해진 단어로 최대한 대응하려고 하는 경향이 강하기 때문이다.

에모이를 '슬프다'는 의미로 사용할 때는 '감성적인', '애절한', '낭만적인', '애처로운'과 같은 다양한 의미를 내포하는데, 각각 조금씩 뉘앙스가 다르다. 이러한 풍부한 어휘력을 습득할 수 있는 것이 독서의 장점으로 독서는 아이의 언어능력 향상으로 이어진다.

말하는 힘과 쓰는 힘이라는 관점에서도 풍부한 언어능력은 실생활에서 유용하다. 회사에서 보고서를 쓰거나 프레젠테이션을 하더라도 쓰고 말하는 능력이 있어야 설득력이 생기지 않는가. 독서를 통한 언어능력 향상은 아이뿐 아니라 성인의 뇌 발달에도 필수적이다.

지성이란 타인의 관점을
이해하는 능력이다

나의 대학원 시절 지도교수였던 와카바야시 다케유키(若林健 之) 교수님(당시 도쿄대 이학부 물리학과 교수)이 한 이야기 중 인상 깊은 내용이 있다.

DNA의 이중나선 구조를 발견한 업적으로 노벨 생리의학상을 받은 과학자 프랜시스 크릭(Francis Crick)은 영국 케임브리지 대학 재직 당시 주말마다 양손에 다 들지 못할 만큼의 논문을 들고 집으로 돌아왔다고 한다.

후에 내가 케임브리지 대학에서 유학할 때 와카바야시 교수님의 이야기가 떠오르며 '역시 공부는 읽는 작업'임을 몸소 깨달았다. 공부란 시험공부처럼 책상에 진득하게 앉아 외우거나, 계산 문제를 푸는 것으로만 생각하기 쉬운데, 원래 공부란 읽기가 선행되어야 하는 것이다.

이는 개인적인 경험에 비추어 봐도 그렇다. 대학원 박사과정 연구생일 때 뇌과학 전공자들이 모여 연구실에서 하는 일이란 것이 줄곧 '읽는' 것이었기 때문이다.

내가 담당하던 연구실 세미나에서는 전 세계에서 발표되는 방대한 논문 중 세미나 참가 학생들이 선정한 논문을 읽고 발제와 토론을 진행했다.

발표 담당자가 '이 논문에서 이런 실험을 진행했고, 이러한 결과를 얻었다'고 발표하면 나머지 학생들이 토론을 하는 식인데, 새로운 실험에 관해 함께 정보를 공유하는 것만이 발제의 목적은 아니다.

발표 담당자가 왜 이 논문을 선정했고, 어떤 부분이 흥미로웠는지, 논문의 저자가 주목하는 점은 무엇이고 어떤 방법론으로 실험을 진행했는지, 가령 세미나 발표자의 관심 주제와 다르다 하더라도 논문의 저자가 흥미롭게 생각하는 부분에 착안해 실험을 진행한 것이므로 그들이 주목하는 방향성을 이해한 후 무엇을 문제점으로 도출할 수 있는지 등에 관해 이야기를 나누었다.

이러한 논문 '읽기'를 했던 이유는 '나 아닌 타인의 관점으로 바라볼 수 있는지'가 과학에서 중요한 요소이기 때문이다. 과학의 특징이라 일컬어지는 '객관적으로 사물을 바라보는 능력', '주관적 관점을 배제하고 철저하게 검증하는 능력'은 언뜻 보면 비인간적이고 냉철한 인상을 주나 사실 '나 외의 타인의 입장이 되어보는 능력'이다.

과학에만 국한된 이야기가 아니라, 지성이란 '얼마나 많은 사람의 입장에서 생각할 수 있는가'라고 나는 생각한다. 이는 '읽기'를 통해 기를 수 있는 능력이다. 내가 존경하는 친구 중 데이비드 차머스(David John Chalmers)라는 호주의 철학자가 있다. 함께 차를 마실 때 그가 이런 이야기를 했다.

"어떤 책이든 배울 점이 있는 법인 듯하네. 설령 지루하기 짝이 없는 책이라도 말이야. 그래서 닥치는 대로 읽게 되지. 나는 책을 정말 좋아하는 것 같아."

데이비드의 말처럼 지루하기 짝이 없는 책에서도 좋은 점을 발견할 수 있다면 이는 이미 책 읽기 달인의 경지에 올랐다 볼 수 있다. 그러나 이를 위해서는 교양이 선행되지 않으면 아무런 의미가 없다. 이를 위해서는 '책'이라는 자양분이 필요하다.

어떤 책이든 내가 모르는 정보를 담고 있을 수 있고, 나의 의견과 다른 의견을 발견할 수 있다. 이러한 지식과 만나면서 감동을 받기도 하고, 의문을 품거나 의미를 깊게 고찰하기도 한다. 이것이 '내 안의 세계를 확장하는 일'인 것이다.

한 권의 책 속에 담긴 심연

'독서'는 '내 안의 경험을 확장하는 일'이라 할 수 있다.

예를 들어 소설을 읽으면 주인공의 인생을 간접적으로 체험할 수 있다. 자기 인생에서는 경험해보지 못할 일이나 일어나기 힘든 사건을 소설 속에서는 경험할 수 있기 때문이다. 소설 속 배경을 상상하면서 주인공의 감정이 실제처럼 느껴지는 경험을 해본 적 있을 것이다.

소설이 아니라도 문장을 '읽는' 행위는 나와 다른 누군가의 생각이나 인생을 간접적으로 체험하는 일이다. 저자의 생각의 흐름을 문장을 읽으면서 함께 따라가기도 하고 나와는 다른 사람의 감정과 생각을 나름의 방식대로 발견해가기 때문이다.

한 권의 책 속에는 단순히 정보나 지식뿐 아니라 한 명의 사람과 몇 번이고 식사를 함께 하며 친해져야 비로소 알 수 있는 그 사람의 심연(深淵)이 담겨 있다. 책을 많이 읽으면 안면만 있는 피상적인 인간관계와 다른 깊은 인간관계를 여러 명(책의 저자)과 맺게 되기도 한다. 다자이 오사무(太宰治)나 도스토옙스키(Dostoevsky)와 몇 번이고 함께 식사하는 것과 같다. 그렇기에 지금까지의 나와 다른 관점에서 생각하게 된다. 이것이 바로 독서인 것이다.

구글의 전 CEO인 에릭 슈밋(Eric Schmidt)의 『새로운 디지털 시대』는 나와 전혀 다른 인생을 살아온 사람의 깊은 통찰을 경험할 수 있는 책으로 '이렇게까지 거시적으로 세계를 조망하고 깊게 통찰할 수 있음'을 보여주는 놀라운 책이다.

국경을 허물어 사람들을 연결하는 인터넷 기술과 '경계'를 만들어 별개의 존재로 구분하려는 국가. 이 둘의 관계를 어떻게 이해해야 할까?

독재정권 하의 국민이 저렴한 휴대전화로 세계와 연결되었을 때 어떤 변화가 일어날까. 특정 독립 단체가 출현할 것인가. 정보를 제공하려는 사람에게 어떤 기술적 보호가 필요하게 될 것인가.

반대로 민주주의 국가에서 정보가 완전히 공개되면 어떤 일이 발생할까. 또 어떻게 관리해야 할까. 프라이버시란 무엇인가.

이러한 점을 책 속에서 에릭 슈밋은 철저하게 분석한다.

한 권의 책에는 그 분야 전문가의 1만 시간의 경험이 집약되어 있다.

한편, 한 권의 책에 담겨 있는 지식을 인터넷으로 수집하고 공부하려면 상당히 많은 시간과 노동력이 필요하다. 그러나 세계 최고 수준의 전문가가 쓴 한 권의 책이라면 비교적 간편하게 집약된 지식을 손에 넣을 수 있는 것이다.

그러나 '집약된 지식이 아니라도 온라인상에서 방대한 지식에 언제든 접근할 수 있으므로 굳이 책을 읽어 머릿속에 집어넣을 필요는 없다'고 생각하는 사람도 있을 것이다. 이 말처럼 요즘은 온라인을 통해 방대한 지식에 언제든 접근할 수 있으므로 마치 '외부에 설치된 또 하나의 뇌'가 있는 듯하다.

실제로 인터넷은 언제든 접근 가능하고 편리하지만, 인터넷처럼 자신의 밖에 있는 '외부의 지식'과 실제 뇌에 축적된 '내부의 지식'은 다르다.

책을 읽는다는 것은 정보를 그대로 뇌에 복사하는 것이 아니다. 자신의 감정을 움직여 체험하는 일이다. 그리고 내가 아닌 다른 사람을 이해하는 일이기도 하다.

또, 독서로 뇌 안에 축적된 지식은 '발효'되고 발전한다. 습득한 지식이 나의 과거와 미래의 경험과 연결되어 새로운 의미가 생겨나고 나도 모르는 새에 발전해간다. 이러한 발효 과정을 거쳐 비로소 '지성'과 '식견'이 내 안에 뿌리내리게 된다.

책은 인터넷보다
훨씬 가성비가 좋다

사업을 하는 사람이라면 한번쯤 '뭔가 반짝이는 사업 아이디어 없을까'라는 생각을 해본 적 있을 것이다. 그러나 매일 쳇바퀴 같은 생활과 행동 패턴 안에서는 새로운 아이디어가 떠오를 리 만무하다. 그렇다고 항상 새로운 곳에 가서 새로운 가치관을 배우기란 상당히 어려운 일이다. 이때 독서가 우리를 도울 수 있다.

나는 어린 시절부터 책을 닥치는 대로 읽었는데 성인이 된 지금도 장르를 가리지 않고 균형 잡힌 독서를 하고 있다. 다독이 사고의 지평을 넓히는 데 도움을 준 것은 확실하다.

책에는 우리가 이제까지 몰랐던 지식과 가치관이 가득 담겨 있다. 이러한 미지의 정보는 뇌를 자극하고 새로운 아이디어를 떠올리게 하는 자극제 역할을 한다.

앞서 말했듯이 독서는 나와 다른 경험을 한 사람의 생각과 감정에 접해볼 수 있는 최고의 콘텐츠이다. 속는 셈 치고 평소 관심 있던 분야의 책을 몇 권 골라 읽어보길 바란다. 분명 혼자서는 전혀 생각하지 못했던 폭넓은 시야와 새로운 아이디어를 얻을 수 있을 것이다.

일상생활에서는 어느 정도 친밀한 관계를 맺지 않으면 다른 사람의 깊은 내면을 알 수 있는 기회가 없다. 하물며 세계적으로 높이 평가받는 유명 인사의 생각을 들어볼 기회는 그 사람의 강연에 일부러 찾아가거나 특별한 연줄이 있지 않은 한 좀처럼 잡기 힘들다.

그런데 책이라면 유명인의 생각과 방법론, 아이디어 등을 손쉽게 손에 넣을 수 있다. 게다가(특정 분야를 연구하는 사람을 대상으로 한 전문서가 아닐 경우) 일반 사람을 대상으로 한 책이라면 만 원에서 이만 원 정도만 투자하면 된다. 이렇게 생각하면 독서가 얼마나 가성비 좋은 정보수집법인지 와 닿을 것이다.

또, 앞으로 내가 관심을 두고 있는 분야의 책을 읽는다면 적어도 다섯 명의 다른 저자의 책을 읽어보기를 권한다. 같은 분야의 전문가라도 전혀 다른 시각을 갖고 있기도 하고 상황에 따라 정반대의 의견을 내놓는 경우도 있기 때문에 다양한 저자의 의견을 참고하면 폭넓은 관점을 배울 수 있다.

'유명인의 생각이 알고 싶으면 그 사람의 SNS나 블로그를 보면 된다.'고 생각하는 사람도 있을 것이다. 그 말처럼 인터넷에서 검색하면 손쉽게 정보를 얻을 수는 있겠지만 그럼에도 책을 권하는 이유가 있다.

바로 '질적 가치'와 '편의성' '신뢰성' 때문이다.

개인적으로 인터넷의 발전을 두 팔 벌려 환영하는 쪽이지만 인터넷이 있다고 책이 필요 없다고 생각하지 않는다. 온라인상의 글과 활자로 된 책의 역할이 결정적으로 다르기 때문이다.

나는 매일 'X(구 트위터)'에 정기적으로 피드를 올리고 '퀄리어(Qualia) 일기'라는 블로그도 운영하고 있다. X와 퀄리어 일기는 모두 일상에서 일어나는 일이나 생각을 엮은 것이다. 여기에 쓰인 글은 올리는 시점에 가치 있는 정보로 변모해 사회의 어떤 형태로든 영향을 주고 있다고 생각하지만, 백 년 후 이백 년 후에 이 기록들은 어떻게 될까. 과연 제대로 남아 사람들에게 읽히게 될까. 스스로도 이 질문에는 자신이 없다.

그러나 활자로 된 책을 쓴다는 것은 원천 정보의 제공자(혹은 작가)나 사회로부터 다소 거리를 두고 떨어져 있을 때도 가치로서의 기능을 한다. 생생한 현장에서 떨어져 활자로 종이 위에 남더라도 그 '질적 가치'는 지속되는 것이다.

가령 1년 전에 발행된 온라인 뉴스의 대부분이 '질적 가치'를 보존하며 읽히지는 않을 것이다. 이는 온라인에서 얻은 내용의 대부분은 '정보'로 점철되어 있기 때문이다.

'책'은 어떨까? 10년 전에 구입한 책을 책꽂이에서 꺼내 읽어 보면 '전에 읽었을 때는 몰랐는데 이런 책이었구나. 예전과 다른 구절이 눈에 들어오네.'라는 생각이 드는 책이 상당히 많을 것이다. 책이란 그만큼 생명력이 길다.

1년이 지나 가치가 떨어지는 것이 '정보', 10년이 지나도 혹은 100년이 지난다 해도 변함없이 가치를 지니는 것이 '지식'이 아닐까. 물론 학술논문 등 인터넷에서 얻은 유용한 '지식'도 있고, 단편적인 '정보'만 나열한 책도 있겠지만, 일반적으로 볼 때 인터넷은 '정보', 책은 '지식'을 얻는 수단이라 할 수 있다.

'정보'와 '지식'의 차이는 무엇일까. '정보'는 지식의 일부분을 나열한 단편적인 지식이다. '정보'를 나의 생활과 인생에 활용하기 위해서는 단편적인 정보를 모아 분석하고 체계화시켜야 한다.

'책'은 저자가 이미 정보를 분석하고 정리해 체계화한 결과물이다. 이는 소설도 마찬가지이다. 책에는 애초에 '지식'이 담겨 있기 때문에 '책'에서 '지식'을 얻는 편이 인터넷으로 하나부터 체계화하는 것보다 훨씬 효율적이고 편리하다.

또, 인터넷으로는 기본적으로 누구나 정보를 작성할 수 있기 때문에 그 정보의 '신뢰성'에 편차가 있고, 개중에는 굉장히 신빙성이 떨어지는 정보도 포함되어 있다. 이런 점에서 책에는 필요한 지식과 정보가 정리되어 있고, 내용의 신뢰도 측면에서도 어느 정도 출판사의 검증을 거치기 때문에 '신뢰할 수 있는 정보'라 할 수 있다.

스티브 잡스, 빌 게이츠의
아이디어 창고

그럼 다음으로 '독서로 뇌에 축적된 지식이 여러 숙성 과정을 거쳐 명품으로 거듭난' 실제 사례를 살펴보도록 하자.

애플의 창업자 스티브 잡스는 "애플이 아이패드와 같은 제품을 생산할 수 있었던 것은 우리가 항상 기술과 리버럴 아츠(liberal arts, 즉, 교양을 말함 -옮긴이)의 중간 지점을 지향했기 때문"[1]이라고 말했다.

애플의 제품은 높은 기술력뿐 아니라 이를 직관적으로 사용할 수 있고, 사용하는 행위 자체에서 오는 즐거움을 추구했기에 비로소 전 세계 사람들에게 사랑을 받을 수 있었다. 이런 잡스의 가치관에는 독서가 지대한 영향을 미쳤다.

그의 독서에 대한 사랑은 고등학교 때부터 시작됐다.

특히 마음을 뺏긴 작품이 윌리엄 셰익스피어의 대표작 『리어왕』과 허먼 멜빌(Herman Melville)의 소설 『모비 딕』이다.

『리어왕』은 셰익스피어가 남긴 4대 비극 중 하나로 셰익스피어 비극의 최고봉으로 평가받는 작품이다. 줄거리를 간단히 살펴보면, 고령이 된 리어왕이 자신의 세 딸에게 왕국을 나눠줄 터이니 각자 아버지를 얼마나 사랑하는지를 고백해보라며 애정을 시험했으나 잘못된 판단으로 결국 파국을 맞고 비탄에 빠져 숨을 거둔다는 이야기이다.

『모비 딕』은 멜빌의 실제 경험담을 바탕으로 만들어낸 영미문학을 대표하는 명작이다. 전설의 거대 고래 모비 딕에게 한쪽 다리를 잃은 선장이 복수를 위해 선원을 이끌고 사투를 벌인다는 내용이다.

훗날 자신이 만든 애플에서 밀려났으나 그 후 보란 듯이 재기한 스티브 잡스에게 미리 인생을 경험하게 해준 것으로 알려진 두 권이다.

대학에 들어간 잡스는 정신세계에 강하게 이끌린다. 종국에는 대학을 중퇴하고 인도로 유랑을 떠났다. 이때는 람 다스(Ram Dass)의 명상 가이드『BE HERE NOW』나 인도의 요가 수도사 파라마한사 요가난다(Paramahansa Yogananda)의『어느 요기의 자서전』등을 읽었다. 특히『어느 요기의 자서전』은 잡스의 아이패드에 유일하게 다운로드되어 있는 책으로 애플 창업 후에도 매년 정기적으로 두고두고 읽었을 만큼 즐겨 찾는 책이었다고 한다. 잡스다운, 상식을 뛰어넘는 창의적인 발상의 원천이 된 책이다.

인도에서 돌아온 후에는 조동종(曹洞宗, 일본 불교의 대표 종단 - 옮긴이) 선(禪)불교의 스즈키 순류(鈴木俊隆)가 쓴『선심초심(禪心初心·Zen Mind, Beginner's Mind)』을 읽고 선(禪)불교에 매료되어 저자가 지도하는 과정에 들어가 수련을 받을 정도였다고 한다.

경영자의 자리에 오른 후에는 하버드 비즈니스 스쿨의 교수 클레이튼 M. 크리스텐슨의『혁신 기업의 딜레마』에 자극을 받았다고 한다. 이 책에서 저자는 우량 기업의 합리적 판단이 그 기업을 파멸로 이끄는 원인이 된다고 주장한다. 즉, 이미 성공한 기업은 고객의 니즈에 대응하는 '지속적 혁신'을 전제로 하고 있기 때문에 기존의 가치 기준이나 고객의 니즈에 적합하지 않은 '파괴적 혁신'을 받아들이지 못한다. 따라서 '파괴적 혁신'을 멈추지 않는 스타트업이 새로운 시장을 개척하고 기존의 우량 기업이 시장에서 밀려나는 사태가 일어나기도 한다는 것이다.

잡스는 이 책을 통해 기업의 성공 경험이 파멸로 이어질 수 있음을 교훈 삼아 과거의 성공 사례에 얽매이지 않도록 '본인부터 파괴적 혁신을 하는 습관'을 만들었다.

"Think different"(발상의 전환, 매사 관점을 바꿔 고정관념에서 벗어나 새로운 발상으로 PC를 사용함)로 대표되는 애플의 캠페인은 스티브 잡스의 독서 경험을 통해 얻은 아이디어에서 탄생했다 해도 과언이 아닐 것이다.

마이크로소프트의 공동 창업자 빌 게이츠는 상당한 애독가로 알려져 있는데 '한 시간에 15페이지를 읽고, 항상 10권에서 15권의 책을 가방에 넣어 다니는 것'으로 유명하다.

빌 게이츠의 독서 습관은 유소년기에 이미 형성되었다. 유능한 고문 변호사인 아버지와 교사인 어머니는 항상 책을 곁에 두었는데 평일에는 집에서 TV를 틀지 않아 아들이 책과 친해지도록 했다고 한다.

지금은 자기 전 습관적으로 책을 읽고 7시간 수면 시간을 지키면서도 매일 평균 한 시간, 일 년에 50권 이상의 책을 읽고 있으며 그 주제는 공중보건, 질병, 엔지니어링, 비즈니스, 과학 등 매우 광범위하다. 그가 좋아하는 책의 대부분이 논픽션인데 때로는 소설을 앉은 자리에서 단숨에 읽기도 한다고 한다.

집에는 개인 서재가 있어 1만 4천여 권의 책을 보유하고 있다고 한다. 또, 일 년에 두 번 정도는 휴가를 내서 후드커널 (Hood Canal)에 위치한 별장에 머물며 혼자만의 시간을 보내는 "Think Week"(생각하는 주)라는 시간을 갖는다. 먹는 시간, 자는 시간 외에 모두 '독서'와 '머릿속으로 생각하는 시간'에 투자하고 있다고 한다.[2]

빌 게이츠는 이 시간을 'CPU타임(PC 내부의 프로그램 실행시간)'에 비유해 미래를 준비하는 중요한 시간이라 말한다. 그에게 독서는 '새로운 지식과 이미 알고 있는 것을 연결하는 작업'이라 정의할 수 있다.

스티브 잡스, 빌 게이츠와 같은 ICT(정보통신기술)를 만든 두 거목은 모두 혀를 내두를 만한 독서광이다. 그들의 이야기를 듣고도 여전히 '인터넷이 있으면 책은 필요 없다'고 생각하는가?

생각해보자. IT사회를 만든 것은 아직 그 사회를 경험해보지 못한 사람들이었다.

그리고 그들의 발상의 원천은 책이었다. 책 속에 들어 있는 내용은 '과거'의 일이지만 과거의 사례가 미래를 여는 열쇠를 알려준 것이다.

일부러라도 충격을 주는 책과
만나야 하는 이유

충격을 주는 책과의 만남은 이제까지 좁았던 나의 세계를 확장해주는 것과 동시에 새로운 생각과 가치관을 깨닫게 하여 뇌의 성장을 돕기도 한다.

나에게는 루시 모드 몽고메리(Lucy Maud Montgomery)의 『빨간 머리 앤』이 그렇다.

5학년 때 『빨간 머리 앤』을 읽고 큰 충격을 받았다. 책에 나온 세상은 당시 내가 알던 좁은 세계와 전혀 다른 곳이었기 때문이다.

『빨간 머리 앤』은 누구나 다 아는 명작 고전으로 오천만 부가 넘게 팔린 세계적인 베스트셀러이나 읽어보지 못한 사람을 위해 간단하게 줄거리를 소개해보겠다.

이야기의 주인공은 어릴 때 부모를 잃고 보육원에서 자란 열한 살 소녀 앤 셜리이다. 앤은 캐나다의 세인트로렌스 만(灣)에 위치한 아름다운 섬 프린스에드워드에 사는 매슈와 마릴라 남매의 집에 입양된다. 실은 매슈와 마릴라는 남자 아이를 입양하길 원했으나 보육원의 착오로 앤이 오게 된다.

앤은 아름다운 섬에서의 생활을 상상하며 행복한 기분에 잠기지만 매슈와 마릴라가 원한 건 농장의 일손을 도와줄 남자아이였음을 알고 비탄에 잠긴다. 그러나 오빠인 매슈는 앤과 이야기를 나누며 그녀가 마음에 들기 시작하고 앤을 그냥 키우고 싶다고 마릴라에게 말한다.

"이 아이가 우리에게 무엇을 해줄지가 아니라 우리가 이 아이에게 무엇을 해줄 수 있을지 생각해보면 어떨까."

결국 마릴라도 앤을 마음에 들어 하게 되고 그녀를 받아들이기로 한다.

나는 이 부분을 읽기 전까지 이런 말을 들어본 적이 없었다. '내가 상대에게 무엇을 해줄 수 있는가'를 생각한다는 것이 대체 무슨 의미일지 생각했다. 이 대사를 읽은 순간 내가 자란 나라와 사회 밖에 전혀 다른 가치관을 가진 세상이 펼쳐져 있음에 눈뜨게 된 것이다.

마흔 살을 넘긴 후에 다시 읽었을 때『빨간 머리 앤』을 관통하는 정신성은 '자신의 운명을 받아들이는 고결한 자세'임을 깨달았다. 작가 몽고메리는 후에 목사와 결혼했는데 '운명을 받아들이는' 정신성은 기독교 정신에서 영향을 받은 것으로 보인다. 이러한 기독교 정신도 당시 나에게는 없던 완전히 새로운 세계관이었다.

나는 지금까지 살면서 몇 번이나『빨간 머리 앤』을 읽었는데 이 독서 체험 덕분에 지금의 내가 있을 수 있었다고 생각한다.

'지금 내가 있는 장소의 가치관을 의심해보자.'

'세상에는 내가 모르는 것이 우주만큼 많다.'

『빨간 머리 앤』을 읽고 충격을 받은 후 내 안에는 항상 위와 같은 질문이 떠다녔다.

청춘의 확장과
현실로의 착지

『빨간 머리 앤』은 또 '행복이란 무엇인가'에 대한 관점에서도 시사하는 바가 크다.

매슈와 마릴라에게 입양된 앤은 근처 학교에 다니며 공부에 매진한다. 이윽고 앤은 학교에서도 우수한 성적을 얻었고 교사 자격증을 딸 수 있는 전문학교에 진학하게 된다.

전문학교에서도 우수한 성적을 받은 앤은 대학에 진학할 수 있는 장학금도 받는다. 또 미국에서 온 작가와 만나는 등 자신이 하고 싶었던 일을 찾아간다. 그 과정에서 앤의 꿈은 점점 확장된다.

'천혜의 자연에 둘러싸인 아름다운 마을이지만, 프린스에 드워드의 작은 마을에서의 충만한 생활에 만족해도 괜찮을까. 밖으로 나가면 내 세상을 넓혀줄 무언가가 있을지도 몰라.'

앤의 마음속에 꿈이 자라나기 시작했다.

그런데 매슈가 죽고, 시력이 나빠진 마릴라 혼자 남아 있는데 혼자 대학에 갈 수 없다고 판단한 앤은 지역 초등학교의 교사를 하며 나이 든 마릴라와 함께 살아가기로 결심하는 장면에서 이야기는 끝이 난다.

『빨간 머리 앤』 시리즈는 그 후 앤이 대학에 진학하고 교사가 되기까지 이어지지만, 사실 작가는 한 작품으로 완결 지을 예정이었다고 한다. 몽고메리는 속편을 쓸 예정이 없었다. 그런데 속편을 썼다는 것은 몽고메리가 책을 통해 무언가를 이야기하고 싶었던 것은 아닐까?

개인적인 생각은 이렇다.

청춘이란 무릇 무한하게 세계가 확장되는 느낌을 주는 법이다. 청춘의 우리는 지평선이 끝없이 멀어지고, 자신의 미래는 어디까지나 밝고 높고, 마치 한계가 없을 것처럼 느낀다.

나 자신의 청춘을 돌아봐도 고등학교나 대학교 시절에 종종 패밀리 레스토랑에서 친구와 아침부터 밤까지 수다를 떨기도 했다. "나중에 영화를 만들래." "생명의 기원을 파헤쳐 볼 거야!" "우리는 뭐든 할 수 있어!"라며 원대한 꿈을 그리며 함께 이야기꽃을 피우기도 했다. 누구나 청춘 시절에는 큰 꿈을 품고 호기롭게 이야기한다.

그런데 지금의 내 모습을 거울에 비춰보면 어떤가? 청춘 시절에 그렸던 꿈과 지금의 내 모습에 꽤 차이가 있을 것이다.

몽고메리는 이 차이에 관해 이야기한다. 앤은 청춘 시절에 다양한 꿈을 꿨지만 결국 대학에 진학하지 않고 외딴 시골에서 늙은 양부모를 보살피며 인생을 보낸다.

한때는 크고 희망찼던 꿈이 현실이란 벽 앞에서 한순간에 무너지고 평범한 생활에 익숙해져 간다. 몽고메리는 이런 결말을 말하고 싶었던 것이다.

생각하기에 따라서는 슬프고 비참한 결말인 듯 보이지만, 이 마지막 장면에는 '행복이란 무엇인가'에 관한 몽고메리의 심오한 세계관이 담겨 있다.

이는 앞서 말한 '운명을 받아들이겠다는' 각오이다.

이 이야기는 매슈와 마릴라라는 중년 남매가 앤이라는 한 소녀를 자신들의 인생에 받아들이는 부분부터 시작해 마지막에는 처지가 역전되어 성장한 앤이 나이 든 마릴라의 인생을 돌봐 주는 것으로 끝난다. 매슈와 마릴라가 자신들에게 주어진 하늘의 사명을 '운명을 받아들이는' 것으로 결단 내렸듯, 이번에는 앤이 자신의 운명을 받아들이는 것으로 결단을 내리는 것이다.

이는 매우 강한 각오이며 신념이라 생각한다. 반대로 말하면 이런 각오만 있다면 우리는 어떤 운명이라도 받아들이며 살아갈 수 있다.

바꿔 생각하면 지금 우리의 세계는 주어진 것을 받아들여 보기 전에 인터넷이나 영화, 드라마 등을 통해 가상의 세계가 지나치게 먼저 확장되어 있다. 그 세계에 빠져 자신의 세상과 운명도 인터넷이나 영화처럼 다이내믹하게 흘러갈 것이라는 착각에 빠지기도 한다.

그러나 현실에서 동떨어진 곳에 나의 인생이 있을 리 만무하다. 지금 눈앞에 있는 우리 자신의 생활을 외면하고 어딘가 다른 세상을 바라본들 그곳에 내 인생이나 운명이 있을 리 만무하다는 것이다.

다만 유의할 점은 자신의 세계가 확장되는 것, 그것 자체만은 좋은 일이다. 아니, 적어도 한 번은 확장되어야만 한다. 앤의 세계가 한 번은 확장되었듯이. 머지않아 세계가 다시 수축하고 좁아질 수밖에 없는 현실에 안주하게 되더라도 한 번쯤은 세상 끝까지 확장되는 경험을 하는 것. 그것이 어른이 되기 위한 중요한 요소인 것이다.

한없이 확장된 세계는 살면서 결국 현실에 순응해간다. 그 청춘의 확장과 현실로의 착지가 어른이 되었다는 방증이다.

'운명을 받아들이라'는 말은 결코 피할 수 없는 인생의 역경으로서 '운명'을 수용하라는 의미가 아니다.

어디까지나 거울 속의 나 자신을 받아들이라는 것이다.

수용한 운명 속에서 최선의 행복을 추구해가는 것. 그것이 앤의 삶의 방식이고, 몽고메리가 우리에게 전하고픈 '행복이란 무엇인가'란 질문에 대한 답이 아닐까.

나를 뇌과학자의 길로
이끈 운명의 책

내가 뇌과학자가 되기로 결심한 계기는 한 권의 책과 만나면서였다.

영국의 물리학자 로저 펜로즈(Roger Penrose)의 『황제의 새 마음』이라는 책이다. 인간의 마음이라는 불가사의한 영역을 진정으로 이해하기 위해서는 어떤 이론이 필요한가에 관해 쓴 획기적인 책이다.

나는 이 책이 출간된 1989년에 원서로 처음 읽었다. 원서의 제목은 『The Emperor's New Mind』로 당시에는 '인간의 정신으로 할 수 있는 모든 것이 컴퓨터로 가능한 세상이 온다'고 강하게 믿는 AI 연구자들의 기세가 매우 강력한 시대였다.

'뇌라는 물질을 통해 어떤 종류의 계산이 이루어진다. 이것이 우리의 "마음"이란 것인데 그 계산 순서만 알면 이를 컴퓨터에 탑재할 수도 있다' 즉, '컴퓨터가 인간의 마음을 가지는 것도 가능할 것'이라는 게 그들의 주장이었다.

이런 대세의 흐름 속에서 펜로즈는 '인간의 의식에서만 기능하는 지성에는 계산 순서로는 정리할 수 없는 요소가 있다'고 주장하고 그들의 의견을 반박하는 책을 써낸 것이다.

펜로즈는 계산할 수 없는 대표적인 사례로 "그래! 그거야!"라고 우리가 어떤 것에 관해 직감적으로 깨닫는 능력을 든다. 예를 들어 수학자가 갑자기 머릿속에 떠오른 수학적 개념을 맞는지 검증하기 전에 '분명히 검증될 거라고 확신하는 직감'이 그런 것이다.

수학자가 아닌 우리도 누군가를 좋아할 때 그 사람에 관한 여러 정보를 알기 전에 '나와 잘 맞을 것 같다'는 직감을 느껴본 적 있을 것이다.

펜로즈는 이 직감을 설명하기 위해서는 지금까지의 이론이 전혀 도움이 되지 않는다고 말한다.

이 책에는 인간 마음의 특질에 아낌없는 찬사를 보내고, 컴퓨터 사이언스, 물리학, 수학, 뇌과학 중에 제시된 최고의 이론을 바탕으로 마음을 진정으로 규명하기 위해서는 무엇이 부족하고 무엇이 필요한지를 독자적으로 찾아가는 작가의 프로세스가 담겨 있다.

나는 이 책이 금세기 책 중에서 가장 심미적인 감각을 담고 있는 책이라 생각한다.

양식 있는 지성에 관해 완전히 새로운 이론을 구축하려던 펜로즈가 그린 비전은 아직 실현조차 되지 않았으나 백 년, 이백 년, 아니면 천 년 정도에 걸쳐 연구할 가치가 있음을 보여주는 책이다.

내가 이 책을 읽었을 때 대학원에서 생물물리학을 연구하고 있었다. 당시 AI연구 트랜드도 알고 있어 나 스스로 '인간의 의식은 전부 수식으로 나타낼 수 있다'는 명제를 의심하지 않은 채 언젠가는 답을 찾을 것이라 믿고 있었다. 그런데 이 책을 통해 인간의 마음이란 것이 얼마나 복잡하고 방대한 존재인지 깨닫고 '정말 흥미로운 분야다. 앞으로 이 분야를 연구하고 싶다.'고 생각했다. 그리고 무엇보다도 기죽지 않고 기존의 학설에 정면으로 맞선 펜로즈의 반항적이며 로큰롤적인 태도에 끌렸다.

'국가'와 '자유'에 관한
생각의 물꼬를 터준 책

수많은 로큰롤 가수가 '록이란 특정 음악의 스타일이나 사용하는 악기의 종류를 말하는 것이 아니라 태도를 말한다.'고 말한다.

과학에서도, 문학이나 비즈니스, 인간관계에서도 우리가 직면한 질문은 무엇을 어떻게 보존하고, 거부하고, 존중할 것인가 하는 '태도'라 생각한다.

책은 나의 인생에 대한 태도를 만드는 데 지대한 영향을 주었다.

그중에서도 '국가란 무엇인가', '자유란 무엇인가'란 질문에

대해 지금의 내 태도에 적지 않은 영향을 준 책이 미국의 경제

학자 밀턴 프리드먼(Milton Friedman)의 『선택할 자유』이다. 프리

드먼의 저작은 전문적 내용을 다룬 책이 다수지만 이 책은 일반

인들을 대상으로 한 만큼 매우 이해하기 쉽다.

내가 이 책을 만난 건 열여덟 무렵이었다. 그러니까 미국에서

1980년에 출판된 직후에 읽은 것이다.

어쨌든 강렬한 이데올로기를 제시한 책인데 이렇게 강렬한

하나의 세계관을 제시하는 사람이 세상에 존재한다는 사실에

놀라움을 감출 수 없었다. 그리고 당시 십 대 후반에 접어들었

던 나에게 그 장대한 스케일과 넓은 세계관은 압도적인 힘으로

다가왔다.

프리드먼은 '정부에 의한 유효수요(재화나 용역에 대한 욕구에 의한

수요)의 관리가 중요하다'는 케인스 경제학에 반기를 들며 새로

운 경제 이론을 주창한 인물이다. 그는 세계공황을 경험하고 그

경험을 바탕으로 가능한 정부가 시장에 개입하지 않고 자유경

쟁에 맡겨야 한다는 '통화주의(monetarism)'를 주장했다.

그의 주장이 옳은지 여부와는 별개로 이는 미국의 개척자 정

신이나 애플, 구글, 메타 등 IT 기업이 갖고 있는 '국가와 정부의

도움 없이도 시장은 우리 손으로 개척한다'는 독립적이고 자주
적인 벤처 정신으로도 이어졌다.

이 책에서 짚어보고자 하는 점은 '자유'에 대한 저자의 태도
이다.

『선택할 자유』에서는 국가에 의한 자격제도를 모두 폐지해야
한다고 주장한다. 의사나 변호사조차도 국가자격이 필요
없다고 말한다.

자격이 필요 없다면 '내일부터 나는 의사가 되어야지'라고 마
음먹으면 누구나 할 수 있는 게 아닐까. 그렇게 되면 국민들이
안심하고 의료 서비스를 받을 수 없을 거라 생각할지 모른다.

그러나 프리드먼은 말한다. 질이 낮은 서비스를 제공하는 의
사는 누구도 찾지 않을 테니 '정부'가 제정한 법을 따르지 않
더라도 시장에 맡기면 자연스럽게 도태될 것이라고.

지금은 의대를 졸업하여 의사 국가고시에 합격하면 의사가
될 수 있는데 그렇다고 정말 안심과 안전을 보장하는 것도 아
니고, 그것만이 훌륭한 의사가 되는 가장 좋은 방법이 아닐지도
모른다. 국가가 부여한 기준이란 어디까지나 하나의 틀에 불과
하다. 어떤 사물이나 현상의 옳고 그름은 정부에 의해 결정되는

것이 아니다. 오히려 인간을 자유롭게 할 때 최선의 결과를 창출할 수 있고, 정부에 의한 규율이나 법은 이를 저해할 뿐이라는 것이 프리드먼의 생각이었다.

이러한 프리드먼의 주장은 권위를 중시하고, 정부나 기업 시스템, 교육기관 등 '거대 권력'을 절대적으로 믿는 일본인에게 오늘날까지도 신선하고 강력하게 다가온다.

찬반이 갈리는 내용의 책이기는 하나 사회의 바람직한 모습과 나아가야 할 방향에 있어 하나의 단서가 되는 책이라 생각한다.

제3장에서 다룬 책

『새로운 디지털 시대』에릭 슈밋

『빨간 머리 앤』루시 모드 몽고메리

『황제의 새 마음』로저 펜로즈

『선택할 자유』밀턴 프리드먼

제4장

공감능력과 커뮤니케이션 능력을 키워주는 독서

2006년 캐나다 런던대학교의 심리학자 키스 오틀리(KEITH OATLEY)와 레이먼드 마(RAYMOND MA) 교수가 연구를 통해 소설을 읽는 것과 타인의 기분에 민감하게 반응하는 것의 관계성을 밝혔다.

공감능력을 객관적으로 조사하는 '눈으로 마음을 읽는 테스트(RMET: READING THE MIND IN THE EYES TEST)'결과 소설을 많이 읽는 사람일수록 공감능력 테스트 점수가 높았고, 표정이나 행동 변화를 통해 타인의 감정과 상태를 읽어내는 테스트 점수도 높았다. 또 사회생활에서 다양한 인맥을 보유했으며 사적으로도 만족스러운 생활을 영위하는 경향이 있었다.

AI시대에 보다 절실해진 공감능력

　나는 독서를 즐기기 때문에 장르를 불문하고 다양한 책을 읽지만, 독서를 즐긴다면서도 소설은 읽지 않는다는 사람을 종종 보곤 한다.

　이유는 저마다 가지각색이지만 특히 눈에 띄는 의견은 이런 것들이다.

　'경제경영서나 실용서는 즉시 업무나 생활에 적용할 수 있는데, 소설은 실생활에 아무런 도움이 되지 않아 시간 낭비라는 생각이 든다.'

　'단순 오락일 뿐 어떤 지식도 얻기 힘들다.'

'허구의 이야기이므로 의미가 없다.'

분명 소설은 경제경영서나 실용서처럼 한 권 읽었다고 바로 실생활에 적용할 수 있는 즉효성을 기대하긴 힘들지 모르지만, 가랑비에 옷 젖듯 우리의 인생에서 유용한 역할을 한다.

인간의 지능지수를 측정하는 지표로 가장 널리 알려진 것이 IQ 테스트이다. 일반적으로 IQ가 높으면 머리가 좋다고 평가하는데, 보통 수준의 IQ만 되면 업무나 공부 등 생산성에 큰 차는 없다고 알려져 있다.

그보다 사람과 관계를 맺으며 업무를 진행하는 사회인에게는－다른 사람과 협력하는 경우라면 굳이 업무나 사회인이 아니라도 좋다－IQ보다 EQ(감성지수)가 훨씬 중요하다고 한다.

EQ란 'Emotional Intelligence Quotient'의 약자로 1990년대에 미국의 심리학자 피터 샐러비(Peter Salovey)와 존 메이어 (John D. Mayer)가 주장한 이론이다. 일본에서도 1996년에 출간된 『감성지능』(대니얼 골먼)이 베스트셀러에 올랐다. EQ란 업무나 인간관계에서 '타인의 감정을 알아채는 능력과 자신의 감정을 통제하여 올바르게 이용할 수 있는 능력'이라 알려져 있다. IQ에 편중된 사회에서 후천적으로 발달시킬 수 있는 EQ는 많은 사람의 공감을 받았다.

2020년에 열린 세계경제포럼 연차총회(다보스 회의) 보고서에서는 '2025년 직장인에게 요구되는 스킬 15가지' 중 11위에 EQ가 이름을 올렸고, 정신건강 대책 및 인재 육성 등에 EQ적 사고를 도입한다는 기업이 늘고 있다고 한다.

왜 EQ에 대한 사회적 요구가 증가하고 있는 것일까?

지금까지는 사회의 구조가 획일적으로 효율을 중시해왔기 때문에 '뛰어난 인재'의 조건으로 풍부한 지식과 빠른 두뇌 회전, 즉 IQ가 중시되었다. 그러나 지금은 가치관이 다양해지고 문제에 대한 정답이 꼭 하나뿐이 아님을 아는 사회가 되었다. 격변하는 환경에서 사람과 관계를 맺으며 살아가기 위해서는 타인과 나의 감정에 집중하여 공감하고, 사람과 끈끈한 유대를 강화하는 능력이 요구된다.[1]

타인에 대한 공감이나 자신의 감정을 제어하는 EQ가 지닌 다양한 요소 중 독서로 기를 수 있는 능력이 '공감능력'이다.

공감능력이 높으면 '상대가 왜 저런 생각을 하는지' 혹은 '왜 그런 말을 하는지'와 같은 사고력이 강화되고, 이를 바탕으로 유추하여 자신의 언행과 태도를 적절하게 선택할 수 있는 능력을 갖출 수 있다.

또, 논픽션으로는 공감능력을 강화하기 힘들다는 연구 보고
도 있다. 공감능력을 발달시키는 건 소설이나 스토리가 있는
이야기 같은 픽션이다.[2]

소설이나 이야기 등의 픽션은 독자가 등장인물과 같은 감정
을 느끼고, 생각하고, 행동하는 것을 가능하게 한다. 이야기가
전개됨에 따라 독자는 등장인물의 시점으로 이야기를 따라가
게 된다. 등장인물의 일거수일투족에 자기도 모르게 빠져들어
독자는 새로운 시각을 익히고 이해의 깊이가 더해진다. 이런 과
정이 공감능력을 길러주고 타인의 시점을 객관적으로 보는 능
력을 길러주는 것이다.

나아가 공감능력을 기르기 위해서는 다른 문화나 인종 등 다
양한 시점에서 쓰인 이야기를 읽어야 한다. 다양성을 이해하고
공감능력을 기를 수 있기 때문이다.

또 등장인물의 시점이나 감정에 초점을 맞추고 이야기의 결
말을 상상하고, 등장인물의 감정의 흐름, 행동을 곱씹어 보는 행
위 또한 공감능력을 길러준다.'[3]

정보량이 적은 문자일수록
상상력을 자극한다

우리가 보통 주변 환경에서 얻는 정보량의 대부분은 시각을 통해 얻어진다. TV나 각종 디지털 기기를 통해 보는 동영상 등은 시각을 통해 순식간에 많은 양의 정보를 제공한다.

그러나 뇌를 활성화하는 관점에서 보면 수동적(passive)인 것보다 능동적(active)인 것이 좋다.

예를 들어 TV는 많은 시각 정보를 전달하지만, 그저 멍하니 화면을 바라보면 얻어지는 수동적인 정보이기 때문에 뇌를 자극하지 않는다.

반면 독서는 뇌의 활동성 측면에서 결코 수동적인 행위가 아니며 오히려 눈으로 들어온 문자 정보를 바탕으로 다양한 상상력을 동원해 보완해야 하는 복잡한 작업을 요하기 때문에 뇌가 활성화된다. 특히, 소설이나 스토리가 있는 경우 이야기의 배경과 분위기를 머릿속으로 그려가며 행간에 담긴 뉘앙스를 이해해야 한다. 또 상상력을 최대한으로 동원해 풍부한 이미지를 그리며 읽어야 하므로 자연스레 상상력이 길러진다.

상상력을 발휘한다는 것은 뇌를 활성화하는 것 외에도 장점이 아주 많다.

상상력의 위대함을 나에게 가르쳐 준 책이 『빨간 머리 앤』이다. 주인공 앤 셜리는 일찍이 부모님을 여의고 보육원에서 자라 고독하고 검소한 생활환경에서 자랐다. 앤은 이런 현실을 극복하기 위해 상상력을 발휘한다.

'만약 이렇게 되면 정말 굉장할 텐데.'라는 생각이 드는 것을 하나하나 상상하며 즐긴다. 상상 속에서 친구를 만들거나 자신에게 주어질 리 없는 예쁜 옷을 그려보기도 하고 말이다.

때로는 상상이 지나쳐 실수를 하기도 하지만 앤에게 상상력은 든든한 지원군이었다.

상상의 세계에 빠질 때 인간은 현실에서 잠시 벗어나 기분을 전환할 수 있다. 주어진 환경이 힘들어도 인생이 원하는 방향대로 흘러가지 않더라도 상상력을 발휘해보면 인생을 즐길 수 있게 된다는 것이 이 작품이 지닌 커다란 메시지이다.

앞 장에서 이야기한 공감능력은 그 성립 요건이 상대의 기분을 상상하는 것에서부터 출발한다. 상상력이 있어야 '상대의 생각이 이렇겠구나'라고 상상하며 상대에게 공감할 수 있기 때문이다. 그러므로 상상력은 타인과 함께 살아가기 위해 꼭 필요한 능력이다.

앤의 상상력의 원천은 독서였다. 앤은 매슈와 마릴라의 집에 입양되기 전까지 학교라곤 거의 다녀본 적이 없었으나, 대신 책만큼은 누구에게도 뒤지지 않을 정도로 읽었다. 독서를 통해 상상 속에서 여행을 하기도 하고 책 속에 나오는 주인공의 경험에 공감하며 상상력과 배려하는 마음을 키웠을 것이다.

책을 좋아하는 사람이 사회성도 좋다

일반적으로 책을 많이 읽는 사람은 커뮤니케이션 능력이 떨어진다고 생각하는 사람이 많다. 오늘날 '책벌레'라는 단어는 '책만 읽으며 타인과 교류하지 않는 사람' 혹은 '사람을 싫어해 책으로 도피하는 사람'이라는 부정적인 이미지를 연상시킨다.

그런데 실제로 책을 많이 읽는 사람 중에 커뮤니케이션 능력이 탁월한 사람이 많은 경향이 있다는 사실이 밝혀졌다.

2006년 캐나다 런던대학교의 심리학자 키스 오틀리(Keith Oatley)와 레이먼드 마(Raymond Ma) 교수가 연구를 통해 소설을 읽는 것과 타인의 기분에 민감하게 반응하는 것의 관계성을 밝했다.

연구팀의 일부 연구원은 2009년에 202명의 피험자를 대상으로 지금까지 읽은 책의 양을 조사했다. 조사 결과를 분석하는 데는 연령, 성별, IQ, 영어능력, 스트레스 지수, 고독함 여부, 성격 유형을 고려 사항에 포함했다. 연구팀은 피험자가 책의 스토리에 빠져 소설 속 경험을 체험하는지 여부도 평가했다.

또 피험자는 공감능력을 객관적으로 조사하는 '눈으로 마음을 읽는 테스트(RMET: Reading the Mind in the Eyes Test)'를 받았다.

이 테스트 결과 소설을 많이 읽는 사람일수록 공감능력 테스트 점수가 높았고, 표정이나 행동 변화를 통해 타인의 감정과 상태를 읽어내는 테스트 점수도 높았다. 또 사회생활에서 다양한 인맥을 보유했으며 사적으로도 만족스러운 생활을 영위하는 경향이 있었다.[4]

이 실험 결과를 바탕으로 '책벌레'에 대한 일반적인 인식인 '서툴고 사람들과 잘 어울리지 못하는 사람'은 잘못되었을 뿐 아니라, 오히려 그들이 넓은 인맥을 보유하고 충만한 생활을 보냄과 동시에 커뮤니케이션 능력도 출중하다는 사실이 입증되었다.

그렇다면 어째서 소설을 읽으면 공감능력이 높아지고 나아가 커뮤니케이션 능력이 발달하게 되는 것일까?

　이는 소설을 읽으면서 소설 속 내용에 빠져들어 간접체험이 가능하기 때문이다. 특히 등장인물 간 관계가 복잡하게 얽힌 작품에서는 등장인물 간 심리 묘사와 이야기를 상상하면서 공감능력이 발달하고, 상대의 기분에 더 비중을 둔 커뮤니케이션이 실생활에서도 가능해진다.[5]

시공간을 초월한 최고의 만남

앞 장에서는 소설을 읽으면 '소설 속 내용을 내가 경험한 것처럼 시뮬레이션할 수 있다'는 이야기를 나눴다. 내가 경험한 것처럼 시뮬레이션이 가능해지면 공감능력이나 커뮤니케이션 능력이 발달할 뿐 아니라 추가적 효과도 볼 수 있다.

가령 『빨간 머리 앤』처럼 어린 시절에 부모를 여의고 천애 고아의 입장이 되어보거나, J. R. R. 톨킨의 『반지의 제왕』에서처럼 호빗, 엘프, 드워프, 인간, 마법사 등 다양한 종족이 사는 가상의 세계를 무대로 세상을 통제할 수 있는 절대 반지를 둘러싼 모험을 떠나볼 수도 있다. 마거릿 미첼(Margaret Mitchell)의 『바람과 함께 사라지다』의 주인공처럼 미국 남부의 부유한 농장주 딸로 남부러울 것 없이 생활하다 남북전쟁으로 모든 것을 잃고 좋아하던 남자에게 실연을 당하고 그다음에 만난 남자와 처음에는 앙숙이다 점점 사랑에 빠져들어 보기도 하고.

프랜시스 스콧 피츠제럴드(F. Scott Fitzgerald)의 『위대한 개츠비』의 주인공처럼 뉴욕 교외 롱아일랜드로 이사를 갔더니 옆집에 사는 사람이 대부호에다 대저택이 있고 밤마다 호화로운 파티가 열리지만, 저택 주인의 정체와 재력의 이유를 누구도 정확히 알지 못하는 수수께끼에 싸인 인물을 만나보기도 하는 것이다.

세상에 나온 문학작품에서는 실제로 다양한 사람의 인생이 끝없이 펼쳐진다.

현실적으로 한 사람이 이런 모든 일을 겪을 순 없다. 그러나 인생을 살면서 이들 이야기 속에서 일어난 일 중 한두 가지 정도는 일어나지 않으리란 법도 없는 것이다.

소설을 읽으면 이럴 때 '지금 일어나는 일은 저번에 읽은 책 내용과 비슷하군. 그때 주인공 심정이 이랬을까.' '살다 보니 이런 일도 일어나는구나.'라며 기억을 더듬어볼 수 있다.

내가 직접 경험하기에는 감당하기 벅찬 일도 소설에 묘사된 다른 사람의 경험을 통해 줄거리를 상상하며 간접적으로 경험할 수 있다. 그러면 고통스러운 순간이 오더라도 나에게만 일어나는 일이 아니라고 생각하고 위로와 용기를 얻을 수 있다.

'그렇다 해도 소설은 허구의 이야기잖아.' '현실과 다른데 적용이 되겠어?'라는 사람도 있을 것이다. 분명 문학작품은 현실에서 일어난 일이 아니라 작가가 만들어낸 가공의 이야기이다. 그러나 문학작품 속에는 현실에서 직접 겪은 작가의 체험과 작가가 보고 들은 많은 것들이 담겨 있다.

몽고메리도 실제로 매우 어려운 상황에서 『빨간 머리 앤』을 완성했다. 몽고메리가 태어난 19세기 말부터 20세기 초반은 여성의 사회 진출이 제한되었던 시대였다. 이런 시대에 몽고메리는 할머니의 도움으로 우체국에서 일하면서 중간중간 틈이 나면 글을 써 출판사에 보냈으나 번번이 거절당하기 일쑤였다.

몽고메리가 살았던 캐나다의 작은 시골 마을에선 여성이 책을 쓴다는 것 자체가 상상하기 어려운 일이었다. 그럼에도 포기하지 않고 독학으로 글을 써내려간 끝에 결국 『빨간 머리 앤』이 세상에 나왔을 때 마을 사람들이 얼마나 놀랐을지 감히 상상이 되지 않는다.

『빨간 머리 앤』, 그리고 그 후에 나온 그녀의 또 하나의 대표작 〈에밀리〉시리즈 삼부작『에밀리 초원의 빛』,『에밀리 영혼의 뜨는 별』,『에밀리 여자의 행복』에는 이러한 몽고메리의 인생이 응축되어 있다. 우리와 전혀 다른 시대와 나라에 살았으나 그녀가 쓴 책을 읽으며 그녀가 살던 시대, 그녀의 인생을 엿볼 수 있는 것이다.

사람은 자신과 다른 유형의 사람과 만났을 때 가장 많이 성장한다. 그렇지만 일상생활에서 매일 다른 유형의 사람과 만나기란 매우 힘들다. 하지만 책 속에서는 그게 가능하다. 수백 년 전의 사람이라도 책 속에서는 만날 수 있으며, 그들이 무슨 생각을 했는지 알 수 있다. 따라서 책을 읽는다는 것은 시공간을 초월한 최고의 만남이라고도 할 수 있다.

우리는 단순히 지식을 축적하기 위한 수단으로 책을 읽는 것이 아니다. 혼자 살아가는 인생에서는 평생 경험해볼 수 없을 법한 일을 책을 통해 채워나갈 수 있다.

완전히 다른 세계로 생각을 옮겨보자

책은 한 페이지만 펼쳐 봐도 '지금, 여기' 내가 있는 곳에서 순식간에 다른 세상으로 나를 옮겨준다는 매력이 있다.

니시 가나코(西 加奈子)의 나오키상 수상작 『사라바』라는 소설은 이란을 배경으로 시작한다. 나는 이란에 간 적이 없으나 한 페이지만 읽고도 이란의 풍경이 어른어른 눈에 그려지는 듯했다.

〈셜록 홈즈〉 시리즈로 유명한 작가 작가 코난 도일의 작품 중 『잃어버린 세계』라는 책이 있다. 남미 아마존의 깊은 삼림에 공룡이 서식하는 지역이 존재한다는 설정으로 이를 관찰하기 위해 연구팀이 탐험에 나선다는 이야기이다. 이 책을 열면 순간 쥐라기 시대로 타임머신을 타고 떠난 것 같은 느낌이 든다. 책에서는 이런 타임 슬립도 손쉽게 가능하다.

현재의 내가 21세기 일본 도쿄에 있더라도 독일의 영웅 서사시 『뉘벨룽겐의 노래』를 읽기 시작하면 순식간에 중세 독일로 날아갈 수 있다. 물론 이 작품은 날아간다기보다 푹 잠긴다는 표현이 더 어울릴지 모르겠다. 해저에 깊이 빠져드는 느낌으로 책 속 세상에 푹 빠지게 만들기 때문이다.

내가 있는 곳이 어디든 순식간에 전혀 다른 곳으로 데려가기 때문에 책은 여행보다 훨씬 저렴하게 기차, 비행기, 우주선이라는 첨단 기술보다 훨씬 멋진 세계 탐험을 도와주는 수단이라 할 수 있다.

책 외에도 손쉽게 세계여행을 도와주는 취미는 지천으로 널렸다. 영화나 그림, 음악도 책과 마찬가지로 순식간에 세상의 이곳저곳으로 우리를 데려가고 온라인 게임이나 SNS 등으로도 내가 모르는 해외 사람들의 소식을 접하기도 하고 직접 대화를 나누기도 한다.

오늘날에는 다양한 오락적 요소가 존재하기 때문에 오로지 책만 훌륭하다고 하긴 힘든 상황이긴 하나 가장 뇌가 활발해지는 순간은 책을 읽을 때이다.

뇌에 있어 독서는 종합적이면서 추상적인 자극이다. 책은 시각, 청각, 후각, 미각, 촉각과 같은 오감의 기억을 종합해 이를 문장으로 써낸 결과물인데, 문자를 통해 세상을 배우고, 정리하는 과정은 뇌가 하는 가장 고차원적인 기능이기 때문이다.

독서는 문자를 통해 상상력을 자극하고, 멀리 떨어진 지역에서 일어난 일을 간접적으로 체험하게 하여 추상적 사고능력을 기르는 데 매우 효과적이다.[6]

문학작품을 읽으면
교양이 쌓이는 이유

문학작품을 읽으면 다양한 분야의 교양을 쌓을 수 있다. 문학작품이라 해도 가지각색이나 내가 추천하는 것은 내가 모르는 세계를 살아가는 사람이 주인공인 이야기이다.

1989년 영국에서 최고의 문학작품에 수여하는 부커상을 수상한 가즈오 이시구로(石黒一雄)의 작품 『남아 있는 나날』이 여기에 해당한다.

무대는 제2차 세계대전이 끝나고 10년이 지난 영국. 주인공은 귀족의 저택에서 일하는 늙은 집사다. 어느 날, 일손이 부족해 고민하던 주인공에게 일전에 함께 일했던 여자 하녀로부터 편지가 도착한다. 집사는 다시 한번 같이 일해보자고 할 요량으로 그녀가 사는 콘월(Cornwall)지방까지 여행을 떠나게 되는데 그 과정에서 다양한 문제에 직면한다.

이 작품의 묘미는 집사의 삶을 통해 1, 2차 세계대전 사이 국제 정치의 혼란 속에서 영국 귀족들의 품격과 행동양식을 교묘하게 비틀었다는 점에 있다.

왜 내가 모르는 세상을 살아가는 사람이 주인공으로 나오는 문학작품을 읽어야 교양이 쌓이는가 하면 책 속 주인공의 인생을 경험하며 한 사람 한 사람의 인생을 내 것으로 만들 수 있기 때문이다.

물론 나는 영국의 귀족이 아니다. 그러나 책 속에 묘사된 나와는 전혀 다른 인생을 사는 사람의 철학이나 가치관을 배움으로써 내 인생의 철학과 가치관도 한 뼘 성장했다는 느낌을 받을 수 있었다. 이것이 바로 교양이 쌓였다는 증거이다.

나를 찾아 떠나는 독서란

　소설을 읽다 보면 책에 등장하는 인물에 몰입되어 '이건 내 이야기 같네'라며 공감이 가는 작품이 있는가 하면, 나와 전혀 다르지만 마음이 가는 작가 혹은 작품이 있을 것이다.

　나의 경우 기타 모리오(北杜夫)의 『유령(幽靈 或る幼年と靑春の物語)』과 나쓰메 소세키의 『그 후』, 미야자와 겐지의 『봄과 아수라』는 공감이 가는 작품이다. 반면, 기본적으로 모리 오가이(森鷗外)의 작품을 좋아하지는 않지만, 그의 작품 중 『시부에추사이(澁江抽斎, 에도 후기 유학자이자 한방 의사의 전기를 쓴 책 –옮긴이)』는 매우 좋아한다.

책을 고를 때 '이건 내 이야기 같다'고 생각하는 작가나 작품에 무심코 먼저 손이 가는데, '뭔가 평소에 읽던 책과 다른' 이질감이 드는 책도 읽어야 한다. 그 이질감이 바로 내가 나인 이유이기 때문이다.

어떤 작품을 읽고 이질감을 느끼는지 친근감을 느끼는지는 나를 표현하는 지표가 된다. 즉, 내가 무엇을 좋아하고 무엇을 싫어하는지. 사람이나 현상에 대한 호불호의 기준이 나라는 사람을 단적으로 보여주기 때문이다.

이런 의미에서 이질감을 느끼는 책을 일부러라도 찾아 읽을 필요가 있다고 생각한다.

나는 '문학전집'과 같은 고전문학 종류를 체계적으로 읽는 편이 아니었다. 그런데 어느 날 구스타브 플로베르(Gustave Flaubert)의 『보바리 부인』을 읽고 굉장히 깊은 감명을 받았다. 19세기 작품이지만 세상을 바라보는 관점이 지금을 살아가는 우리와 비슷했고, 이 책에는 생생한 감정이 담겨 있다. 역시 명작이라 일컬어지는 작품에는 그 나름의 이유가 있구나를 깨닫게 했다. 이런 경험은 뜻밖에 나의 '경험해 보지도 않고 싫어하는 성향'을 지적하는 듯했다.

'뭔가 이질감이 드는' 책이라도 덮어놓고 싫어하지 말고, 손이 가지 않았던 책이나 관심 없는 분야라도 일단 일독하는 것 자체가 하나의 경험이 될 것이다. 이렇게 한 번 읽으며 체험할 수 있는 세계는 손에 다 잡히지 않을 만큼 거대하다.

자신의 전문 분야나 평소 흥미 있는 분야를 더 깊이 공부하기 위한 독서도 중요하지만, 인생에는 장르를 불문한 잡식성 독서도 필요하다. 이런저런 책을 읽으며 다양한 세상을 경험하고, 그 과정에서 우리가 앞으로 나아가야 할 방향을 찾을 수 있을지 모르니 말이다.

제4장에서 다룬 책

『반지의 제왕』 J. R. R. 톨킨

『바람과 함께 사라지다』 마거릿 미첼

『위대한 개츠비』 프랜시스 스콧 피츠제럴드

<에밀리>시리즈 삼부작 『에밀리 초원의 빛』, 『에밀리 영혼의 뜨는 별』, 『에밀리 여자의 행복』 루시 모드 몽고메리

『사라바』 니시카와 나코

『잃어버린 세계』 코난 도일

『뉘벨룽겐의 노래』 작자 미상

『남아 있는 나날』 가즈오 이시구로

『유령(幽靈 或る幼年と青春の物語)』 기타 모리오

『그 후』 나쓰메 소세키

『봄과 아수라』 미야자와 겐지

『시부에추사이(渋江抽斎)』 모리 오가이

『보바리 부인』 구스타브 플로베르

제5장

역경에 맞서
각오를 다지기 위한 독서

삶의 본질은 '인생은 유한하고, 언젠가 끝이 온다는 두려움을 마음속 어딘가에 품은 채 살아가는 것'이라고 생각한다. '각오'를 다진다는 것은 '나는 언젠가 죽는다.'는 사실에 대해 얼마나 현실감을 가지고 살아가는지가 아닐까.

'각오에 대한 감성'을
배우다

책은 몸과 마음이 건강하고 즐거울 때도 읽지만 때로는 괴로움 속에서 해답을 찾아도 답이 보이지 않을 때, 슬플 때, 절망했을 때, 조언이나 가르침이 필요할 때 책을 읽기도 한다.

이번 장에서는 각오를 다진다는 의미가 무엇인지를 나에게 가르쳐준 영화와 책, 고독과 불안이 엄습할 때, 마음의 균형이 무너졌을 때 읽고 도움이 되었던 책에 관해 이야기해보고자 한다.

어떤 작품에 대한 세상의 평가와 내가 느낀 평가가 반드시 같을 필요는 없다. '왜 그 작품에 매료되었는가'는 나 자신을 비추는 거울과 같다.

나는 청춘 시절에 나쓰메 소세키와 도스토옙스키의 책을 읽고 '이런 책을 쓴 사람은 대체 어떤 사람일까?'라는 생각에 강렬한 흥분을 느꼈다. 동시에 나쓰메 소세키와 도스토옙스키에 매료된 나라의 사람이 어떤 사람인지에 관해서도 흥미를 갖게 되었다.

무언가 새로운 것과의 만남에서 마음이 요동칠 때와 그렇지 않을 때의 차이점은 무엇일까? '어떤 부분에 내 마음이 움직일까?'라는 문제는 나를 알기 위한 중요한 열쇠이다.

책을 읽을 때 주변의 시선을 의식해 '이 작가는 유명한 사람이니까 분명 작품도 훌륭하겠지'라고 생각할 필요는 없다. 그보다 나에게 지금 이 작품이 얼마나 매력적인지에 귀를 기울여야 한다.

내가 매료된 작가들의 공통점은 '단호함'과 '굳건한 각오'를 지녔다는 점이다.

이는 문학작품에만 해당하는 이야기는 아니다. 구로사와 아키라(黑澤明) 감독의 영화 〈내 청춘에 후회는 없다〉라는 작품이 있다. 교토대 사건과 제2차 세계대전 중에 발각된 스파이 조르게 사건을 모티브로 만든 작품으로, 주인공에 하라 세츠코(原節子)가 열연했다. 이 영화에서 하라 세츠코는 고집불통 부잣집 딸이지만 단호함을 지닌 캐릭터로 나오는데 관객들에게 좋은 연기자로 평가를 받았다.

그러나 나의 주관적 관점으로는, 하라 세츠코의 진정한 내면의 단호함을 잘 그린 작품은 많이 알려져 있진 않지만, 오스 야스지로(小津安二郎) 감독의 작품이 아닐까 생각한다. 구로사와 감독의 작품이 훌륭하다는 점에는 이견이 없으나 어딘가 만들어진 인위적인 세계 같은 느낌이 들어 오스 야스지로 감독의 작품만큼 나를 매료하지 못했다.

혹시 오해의 여지가 있을까 싶어 짚어두자면 구로사와 감독의 작품이 나쁘다는 것이 결코 아니다. 어디까지나 나에게 그 작품이 어떻게 비치는지, 나의 마음이 어디서 움직이는지를 말하기 위해서이다. '구로사와 감독의 작품은 그다지 나의 마음을 움직이지 못했지만, 오스 감독의 작품은 나의 마음을 움직였다'라는 것이 나라는 인간을 비추는 거울인 셈인 것이다.

그렇다면 이러한 마음의 동요, 내 안의 열정의 싹을 틔울 작품과 만나려면 어떻게 해야 할까?

나는 열정이란 무언가 지극히 구체적인 것과의 만남에서 생겨나는 것이라 생각했다. 나는 어린 시절 자연을 사랑하는 법을 배웠는데, 이는 추상적인 개념으로서의 '자연'을 동경하는 것이 아니라 나비라는 구체적인 곤충의 상이 마음속에 새겨져 있었다.

또, 나는 '과학자'라는 추상적인 존재를 동경한 것이 아니라 초등학교 5학년 때 전기를 읽고 알베르트 아인슈타인이라는 한 사람의 생애와 자취에 '감염'되었다. 이와 닮은 것이 독서라 할 수 있다. 나는 '소설'이 아니라, 나쓰메 소세키 등 특정 작가들의 내가 아껴 마지않는 작품에 마음을 빼앗긴 것이다.

내 마음을 거침없이 사로잡은, 그런 구체적인 별을 필사적으로 찾아 나서고, 찾으면 평생 물고 늘어진다. 그것이 인식과 행동을 일치시키는 길이라 생각한다.

그렇다면 소설가 나쓰메 소세키의 어떤 면에 끌렸는지 묻는다면 나는 '각오에 대한 태도'라 답할 것이다.

이전에 나쓰메 소세키의 손녀 한도 마리코 씨와 만난 적이 있다. 그때 한도 마리코 씨가 말하길, 손녀의 입장에서 나쓰메 소세키의 가장 존경할 만한 점을 꼽으라면 '권력의 달콤함에 빠지지 않은 점'이라고 했다.

명예와 안정이 보장된 도쿄제국대학의 교수직을 제안받았으면서도 당시 '벤처 기업'이었던 아사히신문사에 입사했고, 그 후에도 문학박사를 중도에 포기하는 등 모두가 영광이라 생각하는 일들을 나쓰메 소세키는 거절하고 인생을 담담히 걸어 나갔다. 문학박사는 '나중에 박사가 될래? 장관이 될래?'라는 말이 있었을 정도로 당시에는 매우 명예로운 일이었다.

총리대신 사이온지 긴모치(西園寺公望)가 문학의 대가들을 초청한 연회에도 '소쩍새가 부르지만 똥 누느라 나갈 수 없네(時鳥 厠半ばに出かねたり)'(서두에 '곤란한 일이 있어 어떤 이의 초대에 응하지 못함을 알리는 편지에'라는 말이 씌어 있었다. 여기서 '어떤 이'는 사이온지 긴모치를 의미한다. -옮긴이)라는 하이쿠 구절을 인용하여 거절했을 정도로 나쓰메 소세키는 뼛속까지 권위를 거부하고, 권력에 편승하지 않는 삶의 태도를 관철했다. 그가 이렇게 강단 있는 태도를 견지할 수 있었던 데는 권위나 권력의 허상을 깨달은 사람만이 가질 수 있는 '각오'가 있었기 때문이라 생각한다.

사무치게 고독할 때
심금을 울리는 『비극의 탄생』

주변 사람과 의견이 맞지 않고, 나 홀로 고립된 것 같은 느낌이 드는 고독이 찾아올 때 프리드리히 니체(Friedrich Wilhelm Nietzsche)의 『비극의 탄생』을 읽어보자.

이 책은 1872년에 독일 철학자 니체가 스물여덟의 나이에 쓴 첫 작품이다. 니체는 스물넷에 대학교수 자리에 올랐을 정도로 뛰어난 두뇌의 소유자로 장래가 촉망받는 인재였다. 그러나 이 책은 니체가 학회에서 추방당하는 결정적인 계기가 되었을 만큼 문제작이었다.

니체는 대학교수들로부터 '교단에 선 이래 니체만큼 뛰어난 인재를 본 적이 없다'며 칭찬을 들을 정도로 주목받는 인재였고, 젊은 나이에 대학교수 자리에 올랐다. 그런데 어째서 학회에서 추방당하는 수모를 겪어야 했을까?

이유를 한마디로 말하자면 '자신의 사상을 굽히지 않았기 때문'이다.

학문의 세계에서 많은 학자들이 하는 일은 지금까지 나온 다양한 문헌을 인용해 논문을 쓰는 것이었다. 예를 들어, A라는 명제를 증명하기 위해서는 'B교수가 이런 주장을 했다. 이에 C가 여기에 상응하는 논문을 발표했다. 따라서 역시 A는 옳다'라는 결론을 도출한다. 말하자면 학회에서 발표하는 논문에는 '자신의 주관을 바탕으로 한 내용을 쓰면 안 된다'는 것이 학회의 분위기였다.

니체는『비극의 탄생』에서 자신의 주장을 펼쳤다. 그 순간 니체는 학자의 범주에서 벗어난 것이다. 이 책을 출간한 후 니체의 강의에는 학생이 한 명도 들어오지 않았다고 한다. 그는 이때부터 진정한 '사상가'의 면모를 갖추게 되었다고 볼 수 있다.

자신의 사상을 이야기하면 왜 안 될까, 학문이란 대체 무엇일까, 나는 이렇게 살아야 할까라는 생각이 들 때 니체가 옳았음을 깨달았다.

『비극의 탄생』에서 가장 유명한 구절이 이성적이고 명석하고 명랑한 '아폴론적 성격'과 정신적으로 혼돈스럽고 충동적이며 동물적이고 비관적인 '디오니소스적 성격'이라는 두 가지 성격이 대립하며 고대 그리스 문화가 형성되었다는 주장이다.

고대 그리스 이야기를 했지만, 니체의 '아폴론적 성격'과 '디오니소스적 성격'이란 개념은 인간사 전체에 적용할 수 있는 개념이다.

인간은 누구나 '아폴론적 성격'을 자기도 모르게 이상적이라고 받아들이며 이렇게 살아야만 한다고 착각한다. 그러니 니체는 문화든 개인이든 두 가지 성격이 서로 대립하며 형성된다고 생각했다.

쉽게 말하면 '아폴론적 성격'은 우등생이다. 그러나 실제로 무언가를 이뤄내는 건 아폴론적 성격이 아니라 '디오니소스적 성격'과 갈등하는 과정에서 형성되는 것이란 말이 아닐까?

예를 들어 애플을 창업한 스티브 잡스는 인간관계에 문제가 있거나 다른 사람의 아이디어를 자신의 아이디어인 것처럼 이야기하는 등 '디오니소스적' 면모가 있었지만, 이런 부분이 없었다면 '아폴론적' 측면도 발휘하지 못했을 것이다.

인간이 가진 밝은 면, 바로 눈에 보이는 장점, 명석함은 사실 자신의 어두운 면과 끊임없이 대립하며 얻어진 결과물이 아닐까. 인간이 지닌 어두운 면이 가져오는 역할을 이 책이 가르쳐 준 덕분에 나는 나와 타인에게 있는 어두운 면과도 잘 지낼 수 있게 되었다.

니체가 고안한 개념으로 사람을 바라볼 때 도움이 되는 '형상'을 내 안에 그리게 되었다. '사회에 적응해야지' '학회는 지성인들이 모인 곳이야'라는 일차원적인 사고가 만연한 세상에서 이런 책과 만나면서 내 안에 품고 있던 고민이 해소되는 기분이 들었다.

주변에 단 한 사람도 내 의견과 맞는 이가 없더라도, 니체처럼 자신의 의견을 굽히지 않는 사람을 책 속에서 만날 수 있는 것이다.

불안 속에서 구원을 발견하는
『이반 데니소비치의 하루』

　구 소비에트 연방 출신 소설가 알렉산드르 이사예비치 솔제니친(Aleksandr Solzhenitsyn)은 『이반 데니소비치의 하루』와 『수용소 군도』라는 작품에서 소비에트 연방 시대의 시베리아 강제수용소(라게리)에서의 생활을 세상에 고발했고, 그 훌륭한 문학성을 인정받으며 1970년대 노벨 문학상을 받았다.

　『이반 데니소비치의 하루』는 주인공 이반 데니소비치가 라게리에서 보내는 일상에 관한 이야기이다.

　라게리에서의 생활은 아주 사소한 일로도 생사가 갈리는 살얼음판 같은 생활인데 특히 안 좋은 일이 있었던 하루, 비극적인 하루를 그린 것이 아니라 지독히도 추운 라게리에서의 여느 때와 같은 하루하루를 그린다.

이렇게 말하면 수용소에서의 혹독함과 부당함을 고발하는 사회주의 소설이라 생각할지 모르지만, 사실 내용은 정반대이다.

조금이라도 건더기가 있는 수프를 어떻게 하면 손에 넣을 수 있을까, 작업하기 편한 도구를 다른 사람에게 빼앗기지 않으려면 어떻게 숨겨야 할까, 담배를 얻어 피려면 누구 대신 무슨 일을 해줘야 할까. '지금, 여기'만을 생각하고, 그날 주어진 하루를 최선을 다해 살아남아 하루 끝에 '아, 오늘도 살아남았어.' 하고 안도하는 일상이 극적이고 담담하게 그려져 있다.

주인공은 지금 현재의 순간에 어떻게 행동하면 상황이 유리하게 흘러갈지에 목숨을 걸고 하나하나 헤쳐 나간다. 자칫 실패하기라도 하면 지옥 같은 추위 속에서 죽음을 맞이하는 악명 높은 감옥행이다. 이 부분을 읽으며 독자는 가슴을 졸이기도 하고 분노하기도 한다.

'지금, 여기'에만 성립하는 책이라는 것은 현재를 즐기는 감각적 묘사에 뛰어난 책이라는 말이기도 하다. 바꿔 말하면 『이반 데니소비치의 하루』는 현장감 넘치는 최고의 엔터테인먼트 소설인 것이다. 예를 들어 건더기가 거의 없어 보이는 야채수프라도 그릇 아래서 야채가 건져올려진다거나, 그릇 뚜껑에 붙어 있던 야채를 발견하거나 하는 식으로 건더기가 있는 수프를 먹을 수 있지 않을까 조마조마해하며 기대한다.

또, 다음 장면에 나오는 소시지에 관한 묘사에서는 입에 소시지를 한가득 넣고 육즙을 느끼는 감각을 떠올린다. '한 조각의 소시지를 입속에 넣는다! 입에 씹힌다! 씹힌다! 아, 육즙! 정말 육즙이다! 이것이 지금 내 뱃속에 들어오고 있어. 이걸로 소시지는 끝.'

영하 40도에 달하는 시베리아의 난방도 되지 않는 작업장, 절대적으로 영양이 부족한 음식물 쓰레기 같은 식사. 그럼에도 오늘 하루 아프지 않고 나름 즐겁게 작업을 끝냈고, 밤에 따뜻한 죽을 먹을 수 있었고, 덕분에 푹 잠에 든 주인공을 보고 있노라면 나도 함께 위로를 받는다. 설령 지금 안정된 것 하나 없고 미래도 불투명하다는 불안을 안고 있는 이들이라도, 위안을 받을 수 있는 작품이 아닐까.

이는 최고의 언어적 표현을 통한 선명하고 솔직한 '행복론'인 것이다.

마음의 균형이 깨졌을 때 읽는
『바보 열차』

'저 사람이 한 말이라면 들어야지.'라는 형태로 우리 머릿속에 들어온 정보는 생각보다 막강한 힘을 가진다.

그것이 책에 관한 정보라면 혼자서는 아마 읽지 않았을지도 모를 작품과 만나는 계기가 되기도 한다. 또, 그 작품과 만나면서 자신의 인생에 대한 관점이 바뀌기도 한다.

애초에 인간의 뇌가 새롭게 흥미를 느끼게 되는 계기의 대부분이 '자신이 신뢰하는 사람이 강조하는 이야기'인 경우가 많다.

가령 나는 나쓰메 소세키의 제자이자 소설가인 수필가 우

치다 핫켄(內田百けん)의 작품을 좋아한다. 독특한 유머가 돋보이는 문장에 아무 저항도 하지 못한 채 사로잡혔다.

내가 핫켄을 좋아하게 된 계기는 학창시절부터 친구인 철학자 시오타니 켄(塩谷賢)이 우치다 핫켄의 작품을 좋아해 핫켄에 관해 열정적으로 이야기하는 것을 들으면서였다. 그가 그렇게나 끊임없이 언급하였기에 나도 점점 좋아하게 됐고, 책을 읽어보고 그의 유머에 매료된 것이다. 그중에서도 『바보 열차』는 지금도 몇 번이나 읽은 책 중 하나이다.

『바보 열차』는 1952년(쇼와 27년)에 출간된 철도 여행기이다. 핫켄은 특히나 열차를 좋아해 아무 용건이 없어도 기차에 몸을 싣고 여행을 떠났다. 핫켄에게 관광은 큰 관심사가 아니었기에 종착역에 도착해도 내리지 않고 그대로 돌아오는 등 기행을 저지르는 지점이 흥미로운 작품이다.

내가 『바보 열차』를 읽었을 땐 내가 믿고 있었던 것과 세상이 믿는 것과의 간극으로 마음의 균형이 흔들리고 있을 때였다. 이후에도 그런 상황이 되면 나는 다시 이 작품을 읽으며 핫켄의 '연인 같은 다정함'에 치유 받았다. 핫켄은 내 인생에서 빼놓을 수 없는 작가이다.

보잘것없는 나를 발견할 때,
뇌는 실제라 느낀다

앞서 말했듯이 나는 나쓰메 소세키의 '각오를 대하는 태도'에 끌렸는데 내가 사는 지금은 나쓰메 소세키가 살던 메이지 시대보다 훨씬 '각오'를 다지기 어려운 환경인 것 같다.

현대를 살아가는 우리는 의료기술의 발달과 정보가 넘치는 시대를 살아가며 '인간은 언젠가 죽는다'는 진리에서 눈을 돌린 채 살아가곤 한다.

삶의 본질은 '인생은 유한하고, 언젠가 끝이 온다는 두려움을 마음속 어딘가에 품은 채 살아가는 것'이라고 생각한다. '각오'를 다진다는 것은 '나는 언젠가 죽는다'는 사실에 대해 얼마나 현실감을 가지고 살아가는지가 아닐까. 이런 관점에서 보면, 죽음이 일상적인 일이 아닌 요즘 시대에 나쓰메 소세키처럼 '각오'를 다지게 도와주는 문장과 만나기란 쉬운 일은 아니다.

그렇다면 뇌가 현실감을 갖는 메커니즘은 어떤 구조로 진행되는 것일까?

어떤 물체가 현실감을 갖기 위해서는 단지 그 물체를 바라보기만 하는 걸로는 부족하다. 컵을 바라볼 때 그 물체를 시각적으로 받아들이지만, 아직 현실로 다가오진 않는다.

그다음에 만져보고, 그 형태를 촉각으로 확인해보자. 이번에는 꽤 현실감이 느껴질 것이다. 이 컵이 유리로 된 컵인지, 플라스틱으로 만들어진 컵인지 등 만졌을 때의 감각과 전체적인 무게와 표면의 거칠기, 두께 등이 전달될 것이다. 마지막으로 컵을 입술까지 가져와 컵 안에 든 액체를 입으로 맛보자. 이때 입과 컵의 거리가 점점 좁혀지는 감각.

컵 하나의 예시로도 알 수 있듯이 우리 신체의 다섯 가지 감각기관들을 통해 그 물체에 대한 정보가 서로 매칭되고 합류될 때 비로소 현실감이 생겨나는 것이다.

다만 이는 현실감이 생기는 첫 단계에 불과하다.

가장 강렬한 현실감이 발생할 땐 이 소중하기 그지없는 나라는 존재를 또렷이 실감하는 순간이다. 한정된 시간을 살아가고 있다는 감각, 그리고 언젠가는 죽는다는 현실을 스스로 인식하는 순간인 것이다. 나라는 뿌리에 다양한 것들을 접하게 했을 때 강렬한 현실감을 느낄 수 있다.

인간은 내면 어딘가에 자신의 심금을 울리는 현실감을 갖고 있지 않으면 결코 살아 있다는 걸 실감할 수 없다. 이런 의미에서 나쓰메 소세키의 소설은 죽음에 대한 각오나 이 세상에서 살아가면서 만나게 되는 어쩔 수 없는 현실의 벽들을 훌륭한 현실감을 가지고 그려낸 작품이라 생각한다.

소설을 읽을 때 일어나는
내뇌(內腦)의 변화

책을 좋아하는 사람 대부분이 책을 읽는 건 지식이나 정보를 얻기 위해서만이 아니다. 때로는 소설 속 이야기에 빠져 '현실 도피'나 '기분 전환'을 하고 싶을 때도 책을 읽는다.

실제로 소설이나 이야기가 있는 책을 읽는 것이 현실로부터의 도피나 기분 전환 이상의 효용을 우리에게 준다는 사실이 밝혀졌다.

2013년에 발표된 미국 에머리대학교 연구로 소설을 읽을 때 실제 '뇌에 변화'가 일어난다는 사실이 밝혀진 것이다.[1]

연구팀은 며칠에 걸쳐 소설 한 권을 읽는 동안 사람의 뇌 속에서 어떤 변화가 일어나는지 조사했다. 에머리대학교 학생 열두 명의 도움을 받아 19일간 매일 fMRI(MRI를 이용해 뇌의 기능과 활동이 어느 부위에서 자극되는지를 화상으로 측정하는 장치)를 확인하는 실험이었다.

처음 5일 동안은 책을 읽지 않은 상태에서 fMRI로 측정하고, 다음 9일 동안 밤에 로버트 해리스(Robert Dennis Harris)의 『폼페이』(화산 분화로 멸망한 도시 폼페이를 무대로 한 역사 소설-옮긴이)를 30페이지씩 읽게 하고 그다음 날 아침에 fMRI를 측정했다. 또 소설을 다 읽은 후 5일 동안 fMRI로 뇌의 활동 부위를 지속적으로 측정했다.[2]

그 결과 독서 후 며칠이 지나도 왼쪽 측두엽 내부의 뇌신경이 강화된다는 사실이 밝혀졌다. 이 부위는 언어, 기억력, 청각을 관장하는 부위이다.

뇌의 활동으로 상상에서뿐 아니라 실제 신경 연결과 동일한 연결이 뇌 속에서 일어나는 것이다. 예를 들어 음식을 먹는 모습을 상상하면 실제로 먹었을 때와 동일한 신경전달 작용이 일어나는 것이다.

책임연구원 그레고리 번스 박사는 이 실험의 결과에 대해 다음과 같이 말했다.

"지금까지는 소설을 읽으면 단순히 주인공에게 감정이입을 하는 것으로 알려졌다. 그러나 이번 실험을 통해 이것이 기분의 수준이 아니라, 실제로 뇌 속에서도 주인공과 같은 행동을 하는 것처럼 동일한 뇌 부위가 활성화된다는 사실이 밝혀졌다."

연구팀은 독서가 언어 처리 영역의 기능을 강화하고 뇌에 지속적인 영향을 준다는 사실을 밝혔다.

이 실험을 통해, 소설을 읽으면 단순히 관찰자의 입장에서 그치지 않고 정말 주인공이 되어보는 경험을 할 수 있음을 알 수 있다. 즉, 주인공의 감정과 행동을 관장하는 뇌의 반응이 그대로 나의 체험으로 남는 것이다. 이는 참으로 굉장한 발견이다.

우리는 하늘을 날거나 마법을 사용할 수 없지만 『해리포터』 시리즈를 읽으면 뇌 안에서 하늘을 날거나 마법을 사용할 때와 동일한 부위가 활성화된다는 말이기 때문이다.

지금 자신이 처한 현실이 아무리 어렵다 해도 행복한 소설을 읽으면 행복을 관장하는 뇌 부위가 활성화되고, 행복한 기분을 느낄 수 있으므로 책은 살아가는 데 있어 없어서는 안 될 존재라 할 수 있지 않을까?

제5장에서 다룬 책

『비극의 탄생』 프리드리히 니체

『이반 데니소비치의 하루』 이사예비치 솔제니친

『바보 열차』 우치다 핫켄

제6장

뇌를 최상의 상태로
만들어주는 독서법

뇌가 학습하는 형식에는 듣고, 음미하고, 책을 읽는 등 자기 감각을 이용하는 '감각계 학습'과 자신이 생각한 것을 입으로 내뱉거나 글로 쓰는 '운동계 학습'이 있다. 양쪽의 균형이 잘 맞을수록 뇌의 학습 능력은 완벽해진다.

'난이도를 무시한 독서'가
뇌에 좋은 자극을 준다

이번 장은 실전편으로 '뇌를 활성화하는 독서의 여섯 가지 포인트'에 관해 살펴보고 다음으로 '아웃풋의 효과'와 '독서 시간을 확보하는 방법'에 관해 구체적으로 살펴보자.

포인트 1. 난이도를 고려하지 않고 책 읽기

포인트 2. '장르 불문 잡식성 독서·양적 독서' 하기

포인트 3. '병렬독서'로 독서 습관 만들기

포인트 4. '글을 쓰는 속도'와 비슷한 속도로 읽기

포인트 5. 같은 책을 여러 번 반복해서 읽기

포인트 6. 책에 따라 '읽는 속도를 구분'하기

첫 번째 '난이도를 고려하지 않고 책 읽기'부터 시작해보자.

내가 독서에 있어 포기하지 않는 신념이 '책은 난이도를 선별해 골라 읽지 않기'이다.

예를 들어 에도시대부터 메이지 초기까지의 서당이나 번교(藩校, 에도시대 번이 세운 학교 -옮긴이)에서 하는 교육은 『논어』나 『시경』등 한문 낭독 위주의 교육이었다. 아직 어린 아이들에게 한문 낭독은 상당히 난도가 높은 일이었을 것이다.

물리학자로 일본인 최초로 노벨 물리학상을 받은 유카와 히데키(湯川秀樹)는 어린 시절 조부로부터 한문 낭독 교육을 받았다고 한다.

유카와 히데키는 자서전에서 다음과 같이 말했다.

"나는 이 시기의 한문 서적 낭독이 결코 쓸모없는 시간 낭비가 아니었다고 생각한다. (중략) 의미도 모르고 읽었던 한문 서적이 상당한 지식으로 남았다. 그 후, 성인이 돼서 책을 읽을 때 문자에 대한 거부감이 전혀 없었다. 한자에 익숙했기 때문이다. 나도 모르는 사이에 한자에 친숙해져 있었고, 그 축적이 책을 읽는 데 많은 도움이 되었던 것이 틀림없었다."

이처럼 난이도를 고려하지 않은 교육으로만 얻을 수 있는 것도 분명히 있다.

현재로 돌아와 요즘 독자들은 처음부터 난이도가 있는 책에는 손을 대지 않으려는 사람이 많은데 매우 안타까운 일이다. 독서란 깊은 본질을 다룬 책을 접하는 것이 중요하며, 이를 100퍼센트 이해하지 못했다고 주눅 들 필요도 없다. 의미를 모르고도 읽히는 것이 '언어'의 특징이기 때문이다.

즉, 언어가 일정 수준에 미치지 못했기 때문에 의미를 이해하지 못하는 것이 아니라는 말이다.

이는 아이에게 말을 가르칠 때 "이 아이는 아직 다섯 살이니까 우리가 이 아이를 위해 3,000단어 안에서만 말합시다."라고 하지 않는 것과 같은 이치다. 아이는 모르는 단어는 모르는 대로 추측할 수 있고, 뉘앙스나 표정을 통해 많은 정보를 습득하고 이해한다.

나는 초등학교 때 과학자가 되기 위해 이과 서적을 수없이 읽었는데, 이과 계열 책뿐 아니라 아버지의 서재에 있던 『마르크스 엥겔스 전집』이나 막스 베버의 『프로테스탄트 윤리와 자본

주의 정신』, 나쓰메 소세키의 『나는 고양이로소이다』 등을 닥치는 대로 읽었다. 나 나름대로 책을 읽으며 '이건 애들이 읽는 책'이 아니라는 생각은 했지만, 일부러 나 자신을 밀어붙여보았다.

지금 다시 읽어보면 난해한 표현이나 한자 표기가 많아 초등학생 수준에서 읽을 수 있는 내용은 아니었다고 생각한다. 그래도 읽었다고 표현할 수 있는 것은 언어의 특징에 기대었기 때문이다.

만약 수학이라면 책을 읽는 것과는 말이 다르다. 수학은 공부를 통해 지식을 습득하는 학습이므로 기초 단계를 뛰어넘고 한번에 복소수 지수 함수를 이해하기란 불가능하다.

그런데 언어의 경우 설령 기호나 암호같이 느껴지더라도 뇌는 나름대로 자극을 받으며 연결회로를 강화한다. 그렇기에 언어 학습은 자기 수준보다 높은 수준의 글을 읽는 것이 가능하고, 또 그렇게 해야만 한다.

난이도가 있는 책은 읽기 시작했을 때는 모르는 것투성이라 재미없을지 모른다. 그래도 참고 읽다 보면 어느새 읽는 재미가 생기는 순간이 찾아온다. 그 순간이 바로 재미의 역치를 뛰어넘는 순간이다. 재미의 역치를 뛰어넘으면 돌연 책 읽기가 즐거워진다.

재미의 역치가 낮은 것보다 높은 것이 좋다. 바꿔 말하면 술술 넘어가는 책보다 어렵게 읽는 책이 즐거운 법이다. 왜냐하면 쉬운 것은 뇌에는 그다지 좋지 않은 일이기 때문이다. 나의 수준보다 살짝 어려운 책을 읽으며 내용을 이해했을 때 짜릿함이 찾아오는 그 순간, 뇌는 성취감을 느끼는 도파민을 분비하고 쾌감을 주기 때문이다.

뇌과학적 측면에서 보면 난이도를 무시하고 어려운 책을 한 권 다 읽는 편이 쉬운 책을 열 권 읽는 것보다 뇌에 좋은 자극을 준다.

운명적 만남을
경험하고 싶다면

내가 책을 고르는 기준은 심리학에서 말하는 '특수한 배고픔(specific hunger)'을 기반으로 한다. 특수한 배고픔이란 인간이 무의식중에 자신에게 필요한 영양소를 찾는다는 의미로, 가령 '오늘은 왠지 고기가 먹고 싶다'는 생각이 들 때는 실제로 몸에 단백질이 부족하기 때문이라는 것이다. 그래서 내 몸이 하는 소리에 따라 육류를 섭취하여 영양소의 균형을 맞출 수 있다.

내가 하는 독서는 이런 식이다. '요새 너무 영어책만 봤나'라는 생각이 들면 '오랜만에 우치다 햣켄의 수필을 좀 읽어야지' 혹은 '만화 『진격의 거인』을 좀 볼까'라며 무의식중에 다양한 장르에 균형을 맞추려는 듯 자연스레 손이 간다.

이렇게 균형을 맞출 수 있는 것은 어린 시절부터 폭넓은 장르의 책을 읽어왔기 때문에 가능한 일이다. 해초류를 먹어본 적 없는 아이는 '해초가 먹고 싶다'는 생각 자체를 할 수 없다. 독서도 마찬가지로 다양한 장르의 책을 접해보지 않으면 지금 나에게 부족한 지식이나 요소가 무엇인지 알아차리기 힘들다.

그러면 인생의 전환점을 가져다줄 '운명의 한 권'과 만나기도 힘들고, 일상생활이나 업무에서 새로운 아이디어를 떠올리게 도와줄 책과의 만남도 없을지 모른다.

그렇기 때문에 나는 다양한 장르의 책을 읽는 잡식성 독서와 손이 가는 대로 읽는 양적 독서를 중요하게 생각한다.

일전에 해부학자 요로 다케시(養老孟司) 와 만났을 때 다케시 씨가 자신의 태블릿 단말기를 보여주어 봤더니 수많은 추리소설 목록이 쭉 줄지어 있었다. 다케시 씨와 추리소설이라니 뭔가 어울리지 않는 이미지였다.

다케시 씨의 공식적인 발언이나 업무에 미스터리 소설 읽는 취미가 직접적으로 영향을 주지는 않을지도 모른다.

그러나 다케시 씨가 이러한 의외의 지식을 가지고 있어 더 대

단해 보였다. 남들에게 잘 보이지 않는 인간의 '뒷면'이 그 사람의 '인간으로서의 깊이'와 이어진다고 나는 생각한다.

작가 사토 마사루(佐藤優)는 외교관 출신이면서 신학대 객원 교수이기도 한 신학자이다. 그리고 많은 저서를 발표한 작가이기도 하다.

이런 사토 작가의 책에는 의외의 면모들이 엿보인다. 예를 들어 와타야 리사(綿矢りさ, 일본의 신진 여성작가 옮긴이)의 책 이야기라든지 유행하는 TV 드라마 이야기가 종종 등장하는 점 등을 들 수 있다. 외교 정책을 펴느라 바빠 유행하는 소설과 드라마를 챙겨 볼 시간도 없을 것 같은데, 시대의 흐름에 뒤처지지 않기 위한 그의 노력을 보여주는 듯했다.

머리가 좋은 사람은 두껍고 어려운 책만 읽을 것이란 내 생각은 보기 좋게 빗나갔다.

다케시 씨나 마사루 씨처럼 다독과 양적 독서를 하기란 어려울지 모르지만 여러분도 자신이 평소에 읽지 않던 장르에 도전해 보면 어떨까. 매번 경제경영 분야의 책만 읽던 사람이라면 고전문학에 도전해보면 좋을 것이다. 반대로 소설 편중 독서를 하던 사람은 가끔은 사회문제를 다루는 비소설 장르에 도전해

보면 좋을 것이다.

　어떤 책이 어디에 도움이 될지 알 수 없지만, 장르를 불문하고 많은 책을 읽으면 뇌 속에 축적된 지식이 나중에는 업무에도 도움이 될 날이 올 수도 있다. 반대로 말하면 잡식성 독서와 양적 독서 없이는 세렌디피(우연한 행운)를 만날 확률도 없다는 뜻이기도 하다.

　잡식성 독서와 양적 독서는 뇌에도 긍정적인 영향을 준다. 편식 없는 독서가 뇌를 자극하는 마사지 역할을 하기 때문이다.

　언제나 같은 장르나 읽던 책만 읽으면 뇌의 일부 신경회로에만 자극이 가기 때문에 뇌가 균형적으로 발달하기 힘들다. 특정한 부위의 회로만 강화되면 거기에 맞는 정보에만 반응하게 된다. 그러면 다양성이 요구되는 요즘 사회에 새로운 아이디어나 획기적인 발상은 떠올리기 힘들다.

　그런데 일부러 다른 장르, 다른 회로를 사용해야 하는 책을 읽으면 잠자고 있던 우리 뇌의 회로가 활성화되며 균형을 맞춰갈 수 있다.

'병렬독서'로
독서 습관을 만들자

"책 읽는 습관을 만들고 싶은데 잘 안 돼요.""작심삼일로 끝나요." 이런 사람은 지나친 '완벽주의' 때문인 경우가 많다.

처음부터 욕심을 내서 '하루에 한 권씩 읽기' 등 무리한 목표를 세우기 때문에 금방 나가떨어지고 만다.

독서를 습관화하는 핵심은 세분화와 심리적 장벽 낮추기이다.

'하루 열 페이지 읽기'를 목표로 매일 읽어나가다 보면 300페이지 책도 한 달이면 다 읽을 수 있다. '이렇게 적게 읽어도 되나' 싶을 정도로 심리적 장벽이 낮은 페이지 수를 정해 읽는 편이 결과적으로 꾸준히 할 수 있게 만들어준다.

책 한 권을 읽다 질려 도중에 그만두기를 반복하는 사람은 '한 권만 잡고 늘어지는 독서'에서 벗어나 '여러 권의 책을 동시에 읽는 병렬독서'를 해보자.

'흥미 없는 책'을 며칠씩 붙잡고 끝까지 다 읽기란 힘든 일이다. 이럴 때는 즉시 다른 책으로 바꿔 다시 열 페이지를 읽는 것이다.

무슨 일이든 '그날의 기분'이라는 것이 작용하기 때문에 기분이 내키면 전에 읽던 책으로 다시 돌아가기도 하고, 아예 새로운 책을 꺼내 읽어도 좋다. 어떤 책이든 '하루 열 페이지'를 꾸준히 읽으면 근력 운동과 마찬가지로 독서 근육이 단련되고, 읽는 속도가 빨라지기 때문에 그만큼 한 달 동안 읽을 수 있는 책도 늘어난다.

여러 책을 동시에 읽는 병렬독서에는 장점이 많다.

책 한 권에 담겨 있는 건 어디까지나 저자 한 사람의 의견일 뿐 세상에는 다양한 의견이 존재한다. 따라서 다른 책을 읽어보고 다른 의견도 접해보는 것이 중요하다. 공통되는 의견도 있겠지만, 상반된 의견을 가진 책도 있을 것이다. 다양한 사람의 생각이 집약된 책을 보며 내 생각은 어떤지 확인해보는 계기로 삼는 것도 좋다.

물론 책 한 권을 진득하게 읽는 것도 매우 훌륭한 독서법이다. 그러나 만약 그게 불가능하다면 다양한 책을 조금씩 읽어보는 것도 괜찮다. '표현만 보더라도 문체가 수려하거나 유머러스하거나, 풍자적이거나, 담담하거나 무수히 많은 유형이 있는데 나랑 잘 맞는 책은 무엇인지', '현재 A라는 의견을 가진 사람과 B라는 의견을 가진 사람이 있는데 나는 어느 쪽 의견에 공감하는지' 등이 보일 것이다.

각자 주장하는 바는 달라도 모든 사람은 '자신의 의견이 옳다'고 믿는다. 그래서 세상에는 절대적인 정답이 존재할 수 없다. 자신이 어쩌다 어떤 사람의 주장에 공감한 것에 지나지 않은 것임을 알게 된다.

그것이 '나의 감각을 찾는 과정'이며 '자신의 판단력을 기르는 과정'이다.

아무리 위대한 사람의 의견이라 하더라도, 권위 있는 교과서에 나온 내용이라도 모두 'one of them(무수히 많은 것 중 하나)'에 불과하다. 여러분도 나도 고유의 감각을 가진 인간인 이상 거대한 바다 위에서는 모두 같은 인간이다.

이를 위해서도 가능한 많은 책을 접하고 '이것만이 정답', '이렇게 꼭 해야 해'라는 말에 얽매이지 말고 자신을 해방시켜 보면 어떨까.

글을 쓰는 속도로
읽지 않으면 지식은 휘발된다

문장에는 음악과 비슷한 리듬이 존재한다. 특정한 템포로 연주되지 않은 소리는 음악이 아닌 것처럼 독서도 일정 속도로 읽지 않으면 지식으로 우리 머리에 들어오지 않는다.

나는 '속독법'에 그다지 동의하지 않는다. 속독을 음악에 비유하면 마치 '베토벤의 교향곡 5번을 5분 만에 연주하는 것'과 같다. 그러나 이렇게 하면 아무리 훌륭한 악곡이라도 음악으로 우리 귀에 들어오지 않는다.

문학도 이와 마찬가지로 나쓰메 소세키의 『도련님』을 10분 만에 큰 줄기만 읽으면 뇌 속에서 일어나는 정보처리가 얄은 수준에 머물게 된다. 『도련님』에는 이 책을 하나의 작품으로 감상하기 위해 필요한 최소한의 시간이 존재한다. 즉, 음악에서 말하면 연주 시간에 해당한다. 물론 그중에서 비교적 책 읽는 속도가 빠른 사람, 천천히 시간을 두고 읽는 사람 등 개인마다의 차이가 존재하겠지만, 만약 두 시간 걸려 책을 읽는다면 두 시간 분량의 작품을 향유하고 그만큼 깊은 수준의 정보처리 작업이 이루어진다.

나는 대학원 시절 소설가이자 독일문학가인 시바타 쇼 선생님의 강의를 들었다. 수업에서는 괴테의 『파우스트』 중 '발푸르기스의 밤'을 독일어 원서로 일 년 동안 읽었다.

그때의 경험은 나에게 충격으로 다가왔다. 단순히 읽는 것이라면 그 정도로 긴 시간이 걸릴 만한 책이 아니지만 천천히 문장 하나하나를 꼭꼭 씹으며 읽으면서 비로소 많은 것이 이해되는 경험을 했기 때문이다.

뇌에 경험을 수반한 '시간'은 중요한 요소이다. 속독으로 어느 정도 양의 정보를 뇌에 집어넣을 수는 있겠지만 뇌의 A지점에서 B지점으로 정보를 전달하는 데 걸리는 시간은 변함이 없다. 책을 아무리 빨리 읽어도 읽은 내용을 뇌가 처리하는 데 필요한 시간에는 변함이 없다는 의미이다. 뇌가 정보를 처리하는 데 1분이 필요하다면 1분을 투자하지 않으면 안 되는 것이다.

즉, 속독으로 정보를 얻을 수 있을지는 모르지만, 독서를 통해 일어나는 뇌의 프로세스는 활성화되지 않는다. 종종 '행간 읽기'라고도 하는데 문자와 문자 사이에 각인된 의미를 파악하는 것도 뇌에 있어 중요한 경험이다.

그렇다면 실제로 어느 정도의 속도로 독서를 하면 좋을까?

뇌과학에서 아직 이를 해명하는 연구 사례는 없지만 '쓰는 속도와 비슷한 속도로 읽기'가 하나의 기준이 될 수 있다.

가령 이야기를 하는 경우 우리는 상대방이 하는 이야기를 실시간으로 들으며 동시에 반응한다. 즉, '말하는' 행위와 '듣는' 감각이 같은 템포로 이루어지는 것이다.

'읽는' 행위도 이와 마찬가지로 자신이 문장을 쓸 때 걸리는 시간과 비슷한 속도로 읽는 것이 이상적인 속도라 할 수 있다.

같은 책을 여러 번 읽을 때
비로소 내 것이 된다

새로운 책을 만났을 때 그 책의 세계관과 내용이 전혀 이해가 가지 않을 때가 있을 것이다.

끝까지 다 읽었지만 아무리 생각해도 이해가 완벽히 가지 않는 책. 알 것 같으면서도 모르겠는, 하지만 이해해보고 싶은 책. 그런 책과 만났을 때 나는 몇 달 후 혹은 몇 년 후 다시 한 번 읽어 본다. 다시 읽어도 이해가 가지 않으면 또 한 번 시간을 두고 읽는다. 십 년 후, 이십 년 후에 읽었을 때 비로소 그 책의 진짜 의미를 확실하게 이해하고 내 것으로 만든 책이 몇 안 되지만 있긴 있다.

독서에는 어느 정도의 잠복기간이 존재하는 것이다. 이 잠복기간을 거쳐 비로소 그 진정한 의미를 깨닫게 된다. 이는 처음 읽고 완전히 매료되었거나 감명을 받았던 책도 마찬가지이다.

첫 번째 읽고 흥미로운 점, 재밌는 점, 마음을 움직였던 지점, 감명을 받은 지점. 이것이 반드시 두 번째, 세 번째 읽었을 때도 똑같은 느낌으로 다가오리란 보장은 없다. 설령 열 번째 읽는다 해도 열 번째에 비로소 발견하게 되는 그 책의 새로운 매력이 존재하기 때문이다.

나는 개인적으로 좋아하는 책은 몇 번이고 반복해서 읽는다. 그중 하나가 이 책에서 몇 번이나 소개한 『빨간 머리 앤』이다.

내가 『빨간 머리 앤』을 처음 읽은 것이 열한 살 때였다. 그 이후 대체 몇 번이나 이 책을 읽었을까. 번역서와 원서를 다 합쳐 몇 번이고 읽었다.

그런데 몇 년 전에 다시 읽었을 때 '대체 나는 지금까지 뭘 읽은 거야!' 싶을 정도로 충격을 받은 일이 있었다.

자신의 운명을 받아들이는 겸허함. 그리고 이것이 기독교적 세계관과 맞닿아 있다는 사실. 침묵하는 것이 앤에게 있어 사랑을 표현하는 방법이었다는 것. 청춘 시절에 누구나 가슴에 꿈을 품었으나 결국에는 평범한 일상에 만족하며 살아가는 '이걸로 충분해'라는 긍정적인 삶의 태도가 곳곳에 드러나 있었다.

독서의 기쁨은 잠복기간을 거쳐 얻게 되는 '이스터 에그'를 발견하는 것이다.(easter egg, 프로그램을 만들 때 소프트웨어 속에 재미있는 기능의 일종으로 프로그래머가 몰래 프로그램 안에 숨겨 놓은 여러 가지 재미있는 기능. 기독교 부활절에 알록달록한 달걀을 여기저기에 숨겨 놓고 아이들이 이를 보물찾기처럼 찾는 놀이에서 유래된 말이다. –옮긴이)

책에 따라
읽는 속도를 구분한다

미국의 시장조사업체 IDC가 2020년 5월에 발표한 보고서에 따르면 국제적인 디지털 데이터의 양이 기하급수적으로 증가하고 있으며, 2020년 전 세계적으로 생성, 소비되는 디지털 데이터의 총량은 59제타바이트(1조 기가바이트)에 달한다고 한다. 2010년 기준으로 데이터 총량 988엑사바이트(10억 기가바이트)와 비교하면 약 60배나 증가한 수치이다. 즉, 10년 동안 약 60배나 증가한 셈이다.

더욱 놀라운 점은 2000년 기준으로 데이터 총량 6.2엑사바이트와 비교하면 무려 1만 배나 증가했다는 점이다. 20년 동안

1만 배인 것이다.

이처럼 정보량이 기하급수적으로 증가하면 그만큼 우리가 알아야 할 정보량도 증가한다는 이야기가 된다. 이렇게 되면 우리의 정보처리 능력을 향상시키지 않으면 시대의 흐름에 따라가지 못하게 된다. 하지만 이 방대한 정보를 전부 머리에 넣기란 불가능하다.

그래서 나는 이렇게 생각한다. 교양에는 숙독으로 몸에 익히는 것과 분위기 흐름상 알아두면 좋은 것이 있다고. 전자는 물론 진득하게 앉아 책을 읽어야 하겠지만, 후자는 속독으로 전체적 맥락을 파악하기만 해도 된다.

확실히 나는 속독이라는 독서법을 그다지 높게 평가하지 않는다고 앞서 말했는데 분위기 흐름상 알아두면 좋은 지식을 쌓는 측면에서는 유용한 독서법이라 생각한다.

연구에 따르면 속독으로 책을 읽는 사람의 책 이해도는 보통의 속도로 책을 읽는 사람보다 떨어진다고 한다. 즉, 속독으로는 전체의 약 50% 정도만 이해되면 충분할 것이다.

속독의 경우 책의 한 글자, 한 구절을 이해하지 못해도 매일 많은 책과 논문을 읽어내야 하는 학자들은 이런 속독 방법으로 읽는다.

실제로 내가 어떻게 속독을 하는지 그 방법을 소개해 보겠다.

1. 목차를 보고 전체 개요를 파악한다.

2. '알고 싶은 부분', '흥미로운 부분' 등 나의 목적과 관심사에 맞는 제목이 있으면 그 부분은 보통 속도로 읽는다.

3. 책 전체를 대충 넘기며 내가 중요하다고 생각하는 키워드나 위 1번과 2번에 언급한 것들 중심으로 '어떤 내용인지' 포인트를 파악한다.

사실 이처럼 요령 있게 포인트만 쏙쏙 골라 읽는 기술은 '스키밍'이라 하는 기술로 어느 정도 검증된 방법이다. 이 방법은 직장인이 자료 작성을 위해 많은 책을 읽어야 할 때, 또는 학생의 경우 쌓여 있는 논문을 빠르게 읽어야 할 때 누구나 써먹을 수 있는 방법이다.

다만 일본인 중에는 '모든 책을 1페이지부터 순서대로 마지막까지 꼼꼼하게 다 읽어야 책을 읽은 것이다.'라고 생각하는 사람이 많아 스키밍 같은 독서법에 거부감을 느끼는 사람도 있다. 그러나 이는 학교에서 '책은 처음부터 끝까지 읽어야 하며, 그것이 올바른 독서법'이라 교육받았기 때문일 뿐이다.

모든 책을 처음부터 끝까지 읽지 않아도 된다. 나는 나쓰메 소세키의 책은 천천히 음미하며 읽지만, 읽어두면 좋은 유행하는 책이나 정보로 알아두면 좋은 책은 속독으로 읽는다.

속독은 정독처럼 깊이 이해할 순 없지만, 어느 정도 머릿속에 담으면 되는 내용에는 꽤 효과가 좋다.

글을 쓸 때
뇌 속에서 일어나는 변화

여기까지는 '뇌를 활성화하는 독서법'에 관해 이야기해 보았는데, 이제는 '아웃풋의 효과'에 관해 이야기해보자. '독서'라는 인풋은 매우 중요하나 동시에 '말하고 쓰기'라는 아웃풋도 잊지 않았으면 한다. 이유는 뇌 성장을 위해서는 인풋뿐 아니라 아웃풋이 꼭 필요하기 때문이다.

뇌가 학습하는 형식에는 듣고, 음미하고, 책을 읽는 등 자기 감각을 이용하는 '감각계 학습'과 자신이 생각한 것을 입으로 내뱉거나 글로 쓰는 '운동계 학습'이 있다. 양쪽의 균형이 잘 맞을수록 뇌의 학습 능력은 완벽해진다.

책을 읽고 마음이 움직인 것처럼 책을 읽은 감상으로 나를 표현할 수 있을 때, 비로소 '감각계 학습'과 '운동계 학습'이 균형을 이루는 상태가 된다.

즉, 책으로 인풋한 지식이나 정보를 실생활에서 활용하기 위해서는 뇌 내에 정착시켜 필요할 때 꺼낼 수 있게 만드는 것이 중요한데, 이를 위해서는 읽은 내용을 아웃풋으로 떠올리는 기회를 만들어야 한다.

그런데 지금의 우리는 인풋이 압도적으로 많은 시대에 살고 있다. 인터넷을 통해 다양한 정보를 얻을 수 있으면서도 이를 스스로 밖으로 꺼내보려는 아웃풋 행위가 여실히 부족하다. 인풋과 아웃풋의 균형이 형편없이 무너져 있는 것이다.

예를 들어 음악 감상이 취미라 좋은 음악을 많이 들었던 덕분에 듣는 귀가 발달한 사람은 많을지 몰라도 스스로 좋은 음악을 작곡하거나 연주를 할 수 있는 사람은 적다. 음악의 경우 이런 일이 비일비재하다.

그러나 언어는 일상생활에서 쓰고 말하면서 학습 전반에서 운동계와 감각계의 균형을 맞추기 가장 좋은 분야다. 게다가 실생활에서 도움이 되는 부분도 많다.

인간관계에서도 상대의 입장과 상황을 고려하여 상황에 맞춰 최선의 배려를 언어라는 형태로 아웃풋할 수 있다.

문장을 쓰는 행위를 생각해보면, 이제는 현대인의 생활 속에서 모든 일의 기본으로 자리 잡았다. 회사에서 일을 할 때는 문장을 잘 쓰느냐 그렇지 않으냐가 일을 잘하고 못하고의 판단 기준이 된다. 일상적인 잡무라면 누구나 할 수 있겠지만 제대로 된 문장을 구사할 수 있는 능력은 그 사람의 회사원으로서의 능력을 판가름하는 기준이 되기도 한다. 기획서를 제출할 때도 획기적인 아이디어를 매력적인 언어로 프레젠테이션할 수 있는지 없는지는 평소에 인풋과 아웃풋을 얼마나 축적했는지로 판가름 난다.

하지만 인풋과 아웃풋을 하려고 해도 '애초에 나는 좋은 아이디어가 없어서 기획서를 쓸 수조차 없다'고 생각하는 사람도 적지 않을 것이다. 그러나 이는 잘못된 생각이다. 실은 어떤 아이디어가 내 안에 있는지 누구도 알지 못한다. 이는 직접 써 봐야 비로소 알 수 있다. 아마도 프로 작가들은 예외 없이 모두 이를 알고 있을 것이다.

자기 내면에 있는 것은 아웃풋을 통해 밖으로 꺼내보지 않으면 알 수 없다. 우리 뇌의 구조가 그렇다. 인간의 무의식 속에는 너무도 방대한 정보가 존재하기 때문에 모든 정보에 의식을 활성화하기란 불가능에 가깝다. 그러나 글로 써 보면서 차츰 머릿속에 떠다니는 정보들이 처리되고, 지금 가장 필요한 아이디어가 무엇인지를 자연스럽게 판단할 수 있게 된다. 이 정보처리 과정에 필요한 것이 글쓰기이다.

이는 단순한 행위기도 하고, 뇌과학 세계에서는 이에 동의하는 사람이 많은데 현실에서는 잘 알려지지 않은 듯하다. 그래서 '나는 글을 못 써' '아이디어가 떠오르지 않아'라며 고민하는 사람이 많은 것이다.

어찌 되었든 꾸준한 아웃풋은 매우 중요하다.

이전에 인간에게 요구되던 능력이 지혜나 지식이었다면 지금은 아니다. 인터넷에 떠도는 방대한 양의 정보를 적재적소에 활용해 이를 토대로 새로운 발상을 떠올리는 것. 이것이 현대인에게 요구되는 가장 중요한 능력이며, 이는 쓰는 작업으로만 달성할 수 있는 능력이다.

인풋과 아웃풋을 반복할 때
문장력이 향상된다

　'문장력'이란 인터넷 시대에 접어든 지금이야말로 더욱 주목받는 능력이다.

　예전과 달리 지금은 회사에서의 업무와 거래처 연락을 메일로 주고받고, 보고서도 pc로 문서화한다. 직접 얼굴을 마주하고 이야기를 하거나 유선으로 하던 업무의 대부분을 지금은 문장을 통한 커뮤니케이션이 대신하고 있다. 업무뿐 아니라, 친구와 지인, 부부, 부모와 자식 사이에 연락 수단도 문자나 SNS 메신저를 통해 이루어지기 때문에 이것만 봐도 문장을 쓸 기회가 늘어나고 있음을 알 수 있다.

그래서 자신의 생각이나 기분을 문장으로 적확하게 표현할 수 있는 사람이 업무나 사생활 모두 잘 해낼 수 있게 된다. 가령 무언가를 부탁해야 할 때나 메시지를 전달해야 할 때 '문장력'은 강력한 무기가 된다.

나만 보더라도 문장의 힘에 마음이 움직인 경험이 몇 번이나 있다.

설득력 있는 문장으로 업무 의뢰 메일을 받으면 '바로 답장해야겠다!'는 생각이 나도 모르게 들면서 내 몸을 움직인다. X(구 트위터)에서도 고작 140자가 채 되지 않는 문장에 마음이 이끌려 일면식도 없는 사람을 그 자리에서 팔로우하기도 한다.

한마디로 '상대의 마음을 상당한 위력으로 움직일 수 있는 것이 바로 문장'이다. 문장이 가진 힘을 얕보는 사람은 사실 살면서 매우 손해를 보며 살고 있다 할 수 있다.

그렇다면 '문장력'을 키우려면 어떻게 해야 할까. 유일한 방법은 많이 읽고, 많이 쓰는 방법뿐이다. 책도 읽지 않으면서 문장을 쓸 수 없다. 그러면서 문장력을 키우고 싶다고 하는 것은 어불성설이다.

내가 문장력을 유지하기 위해 하는 노력은 '고전'이라 불리는 작품을 반복해서 읽는 것이다. 시간을 들여 '고전'이란 칭호를 받는 책들은 문장 표현 중에서도 최고봉이기 때문이다.

아무리 인터넷상에서 동시대의 문장에 접할 수 있다고 하더라도 그것만으론 언어능력 향상에 도움이 되지 않는다. 바둑의 경우를 예로 들면 자신보다 강한 상대와 대전하지 않으면 실력이 향상되지 않으며, 악기 연주의 경우에도 잘하는 사람과 함께 연주하지 않으면 실력이 향상되지 않는 것과 마찬가지이다.

이는 굳이 누구나 감탄할 만큼 높은 수준의 문장력을 목표로 했을 때의 이야기가 아니다. 지금 자신이 느끼는 바를 가능한 한 정확하게 전달하고 싶을 때도 언어의 정확도가 높지 않으면 제대로 전달할 수 없기 때문이다.

고전이라 불리는 책에는 작가가 고민을 거듭하여 갈고 닦은 문장과 평소에 내가 잘 쓰지 않고 몰랐던 표현이 담겨 있다. 다양한 문장과 표현을 공부하면 당연히 자기표현이 좋아진다.

이렇게 고전이라 불리는 책으로 언어 체력을 키웠다면 다음으로 할 일은 실제로 달려보는 것이다. 즉, 스스로 문장을 써보는 것이다.

나는 매일 X, 블로그, 책 원고를 쓰며 문장력을 단련한다.

SNS에 글을 올리는 일은 문자 수 제한이 있어 짧은 문장으로 자신이 하고 싶은 말을 적확하게 전달하기 좋은 훈련법이다. 회사 보고서나 기획서에 응용할 수 있는 능력이다.

긴 문장을 써야 하는 사람은 블로그에 글을 쓰는 게 도움이 된다. 누구에게도 보여주지 않을 손으로 쓴 일기보다는 불특정 다수가 보는 블로그에 쓰는 방법을 추천한다. 이유는 인터넷상에 공개된 블로그는 글을 읽은 사람의 반응을 알 수 있기 때문에 그만큼 나의 문장력도 다듬을 수 있기 때문이다.

정리하면 문장력을 키우기 위해서는 감각계와 운동계 학습 사이클의 균형이 맞도록 책을 읽으며 문장을 써 보는 인풋과 아웃풋을 반복하는 습관을 만들어야 한다.

'조각 독서'로
독서 시간을 확보하자

　여기서부터는 여러분이 사실 가장 궁금해할 '독서 시간 확보 방법'에 관한 내용이다.

　현대사회는 업무에 집안일에 육아, 간병, 자기계발, SNS 등 매일 눈코 뜰 새 없이 바쁘게 돌아가기 때문에 현실적으로 여유롭게 책을 읽을 시간을 확보하기 어렵다.

　예전에는 지하철 타는 시간이 유일하게 여유를 부릴 수 있는 시간이었기에 책을 읽는 사람이 꽤 있었다. 그런데 지금은 스마트폰이 등장하면서 지하철에서도 업무를 처리하거나 SNS, 동영상을 보거나 검색을 하는 등 대부분 핸드폰에 정신을 빼앗긴 채 바쁜 하루를 보낸다. 이처럼 바빠진 하루의 가장 큰 희생양은 책을 읽는 시간이 아닐까 싶다.

그러나 고정된 시간을 확보하지 못하는 사람도 간단하게 독서 시간을 확보할 수 있는 방법이 있다.

바로 '조각 독서 활용법'이다. 나는 집에서 화장실이나 욕조에 몸을 담그는 시간을 활용하고, 외출해서는 지하철이나 택시에서 이동하는 시간에 앉아서 책을 읽을 뿐 아니라 서서 읽고, 엘리베이터나 에스컬레이터에 타고 있을 때, 그리고 공원 벤치에 앉아 읽기도 한다.

이럴 때는 일단 한번 쭉 읽어본다. 어쨌든 '마음먹었을 때 바로' 읽으려고 한다. 어느 페이지를 읽을지 목차를 볼 겨를은 없다. 그냥 책을 펼쳐 나온 페이지를 바로 읽기 시작한다.

특히 영어 원서를 읽을 때 그렇다. 아무리 평소에 관심 있던 주제라도 처음부터 읽으려면 읽으면서 여러 가지 생각이 머릿속을 떠다니는 통에 좀처럼 진도가 나가지 않기도 한다. 이러다 보면 책 읽을 마음이 어느새 사라진다.

책을 읽을 때 무심코 제대로 시간을 내서 읽어야 한다고 생각하기 쉬운데, 책에 따라서는 무리해서 처음부터 순서에 맞춰 읽지 않아도 된다. '그래도 끝까지 다 읽어야 한다는 강박관념'을 놓지 못하면 오히려 독서를 방해해 책을 읽는 것 자체가 부담스러워진다. 이를 방지하기 위해서라도 일단 책을 펼쳐서 나온 부분부터 읽는 것이다. 나는 한번 일본어로 읽고 같은 책을 원서로 읽을 때는 아래 방법을 사용한다. 마음먹었을 때 책을 손에 들고 눈길이 가는 부분만 '공감하며' 집중적으로 읽는다.

제대로 시간을 내지 않으면 집중해서 책을 읽지 못한다는 건 '망상'에 불과하다.

그리고 무엇보다 '조각 독서 활용법'은 시간을 잘게 쪼개서 써야 하는 현대인들의 라이프스타일에 잘 맞는 방법이다. 현대 사회는 일상생활 자체가 잘게 쪼개져 있다.

일에 집중하는 중에도 SNS 알람이 오거나 메일이 오기도 하기 때문에 방해받지 않고 제대로 된 시간을 확보하는 것 자체가 어렵다. 자투리 시간을 잘 활용하지 않으면 독서는 생각하기 힘들다.

반대로 말하면 자투리 시간이라도 책을 읽을 수 있도록 우리의 뇌를 단련하는 것이 현대를 살아가는 우리에게 효과적이다.

또, 조각 독서는 언뜻 보면 남는 시간에 대충 하는 독서라 생각할지 모르나, 학습은 반드시 질서정연하게 해야만 하는 것은 아니라고 생각한다.

뇌는 거대한 목표를 한 번에 달성하기보다 목표를 잘게 쪼개서 단계별로 하나씩 하나씩 해결해 가면서 성장한다. 따라서 책 읽기가 힘든 사람이라도 조금씩이라도 좋으니 천천히 읽어 나가보길 바란다.

다만, 소설이나 전문서와 같은 장르를 첫 책으로 선정한 경우에는 '선택적 읽기'를 하면 정보가 지나치게 단편적으로 치우칠 가능성이 있다. 따라서 조각 독서는 경제경영서나 자기계발서 같은 어느 곳에서부터 읽어도 내용이 머리에 들어오는 책이나 읽은 적 있는 책을 선택하는 것이 좋다.

'병행독서'로
독서 시간 폭발적으로 늘리기

'독서 시간을 확보하는 방법' 그 두 번째는 '오디오북'이다.

오디오북이란 읽으며 '귀로 책을 듣는' 독서이다. 즉, 음성으로 변환된 오디오북을 귀로 들으며 눈으로 읽을 때와 동일한 정보를 인풋할 수 있는 방법이다.

오디오북의 최대 장점은 '병행독서'가 가능하다는 점이다.[1]

오디오북은 눈이 아닌 귀로 책을 듣기 때문에 원래라면 독서를 할 수 없는 시간이 귀로 정보를 인풋하는 시간으로 바뀐다.

예를 들어,

만원 전철을 이용하는 출퇴근 시간이나 통학 시간

걸으며 이동하는 시간

러닝과 워킹 등 운동시간

요리와 청소, 빨래 등 가사시간

목욕, 세안, 머리 말리는 외출 준비시간

이러한 시간에 손과 눈은 바쁘게 움직이기 때문에 독서는 생각하기도 힘든 시간이지만 귀는 놀고 있기 때문에 아무리 바빠도 오디오북을 틀어놓고 듣는 시간 정도는 확보할 수 있다.

또, 오디오북은 눈이 피곤할 때도 도움이 된다.

현대인들은 컴퓨터, 스마트폰, TV 등으로 장시간 눈을 혹사하고 있어 눈의 피로감으로 책을 읽기 힘들다는 사람도 많을 것이다. 혹은 노안으로 책을 읽기 힘든 사람이라도 귀로 듣는 오디오북이라면 독서를 할 수 있다.

다만, 귀로 듣는다고 정말 독서가 되는지에 의문을 품는 사람도 있을 것이다.

평소에 우리는 정보를 대부분 눈을 통해 받아들이기 때문에 처음에는 귀로 책을 듣는 방식을 어색하게 느끼는 사람도 있다. 귀로만 정보를 들으면 금세 잊어버리는 경험을 해본 적 있을 것이다.

장기기억으로 바꾸기 위해서는 복수의 감각을 이용해 정보를 입력해야 한다. 즉, 시각뿐 아니라 청각을 통해서도 정보를 입력해야 기억이 더 오래 남는다.[2]

언어능력 중에서도 인풋에 해당하는 리스닝과 리딩은 상호 연관성이 높다. 오디오북은 청각을 활용하기 때문에 리스닝 실력 향상에 도움을 준다. 또, 리스닝 실력이 향상되면 리딩 실력도 함께 성장하고, 결과적으로 언어능력 자체가 향상되는 결과를 얻을 수 있다. 따라서 오디오북으로도 충분히 정보를 얻을 수 있다.

오디오북은 책 한 권 전체를 프로 성우나 전문 배우가 낭독한 음성, 즉 '오디오북'으로 들으며 책 내용에 관해 다양한 생각을 펼쳐 나갈 수 있다.

눈으로 읽을 때는 스토리의 전개를 눈으로 따라가며 의미를 이해하는 데 집중해야 하기 때문에 다른 생각을 하기 어렵지만 소리를 귀로 들으면 생각을 할 수 있다. 책을 눈으로 읽는 것보다 오디오북으로 듣는 편이 뇌에 부담이 적어 책 내용과 관련된 생각을 해볼 여유가 생기는 것이다.

눈으로 읽는 독서의 경우 우선 '눈으로 들어온 문자 정보를 소리로 변환하고, 그 소리를 청각을 통해 뇌에 언어를 담당하는 대뇌피질 영역에서 이해하는' 과정을 거친다.

오디오북의 경우 '눈으로 들어온 문자 정보를 소리로 변환하는' 프로세스가 생략되기 때문에 뇌는 들으면서 동시에 생각할 수 있다. 즉, 사람이 하는 말을 들으면 뇌는 동시에 생각하며 읽을 수 있는 것이다. 그러면 책 내용에 대해 더욱 깊이 이해할 수 있다.

세미나나 강연에 참석할 때도 이와 비슷한 일을 겪는다. 청중이 세미나가 끝난 후 강연자에게 질문하는 것은 세미나 중에 강연자의 말을 들으며 자기 생각을 정리했다는 증거이다.

이렇게 생각하면 오디오북으로 책을 듣는 것은 우리가 생각하는 것 이상으로 장점이 많다.

오디오북은 예전에는 카세트테이프나 CD플레이어로 들어야 했지만, 지금은 스마트폰 앱을 통해 손쉽게 들을 수 있게 되었기 때문에 꼭 한번 시도해보길 바란다. 오디오북을 통한 '병행 독서'가 가능해지면 그것만으로도 더 다양한 지식과 정보를 손에 넣을 수 있기 때문이다.

제7장

AI시대의 슬기로운 독서법

내가 하고 싶은 말은 무언가가 되기 위해 일단 학교에서 배운 지식을 충분히 습득하고 그다음에 IT 관련 공부를 더 해야 한다는 기존의 상식이나 착각을 먼저 의심해보자는 것이다.

원하는 일을 하고 싶어, 좀 더 자유로워지고 싶어, 더 멀리까지 가보고 싶어, 관심 분야를 깊이 파보고 싶다는 생각이 들면 바로 실천해야 한다. 실제로 이렇게 해야 도움이 되는 지식과 스킬, 경험을 습득할 수 있다. 무엇인가 되고 싶을 때, 하고 싶은 일이 생겼을 때 바로 행동으로 옮기는 것이 진정한 교양을 익히는 방법인 것이다.

무작정 지식만 쌓아서는
AI에 대적할 수 없다

 이번 장에서는 '교양'을 중심으로 AI를 통해 무엇이든 알아 볼 수 있는 현대에서 '우리 인간이 독서를 비롯해 경험으로 얻 은 지식과 정보를 어떻게 삶에 적용하면 좋을지', 'AI시대에 대 응할 수 있는 새로운 교양인 "동적교양"을 기르기 위해서는 어 떻게 해야 하는지'에 관해 이야기해보려 한다.

 인터넷이 등장하기 전 문화인, 교양인이라 일컬어지는 사람 은 자신의 지식을 넓히기 위해 책을 읽고, 영화나 음악을 감상 하는 등 외부의 정보를 자신의 내면에 쌓았다. 이렇게 쌓인 지식 은 마침내 '한 분야에 정통한 사람', '일반 사람보다 다양한 지식을 알고 있는 사람'이라 칭송받으며 존경받는 지위에 올랐다. 풍부한 지식을 가졌다는 것이 사회적 지위와 입지, 수입과 직결된 것이다.

그런데 대학과 연구기관에서만 사용되었던 인터넷이 1995년에 윈도 95가 등장한 이후 일반인들에게도 보급되었고, 2022년 10월에 서비스 개시된 chat GPT를 비롯한 AI의 급속한 진화로 지식의 양만 보면 인터넷은 인간을 훨씬 능가하는 존재로 자리 잡았다. 지금 우리가 사는 시대는 단순히 지식만 많이 가지고 있어서는 AI에 대적할 수 없으며 교양인이라 칭송받을 수도 없다.

나는 교양에는 '정적교양'과 '동적교양' 두 가지 종류가 있다고 생각한다.

'정적교양'이란 책을 읽고 음악을 듣고 영화를 보며 자신의 지평을 넓히고 지식을 몸에 익히는 것이다.

'동적교양'은 IT기술을 활용해 정보를 수집하고 해당 정보를 다시 편집하며 지식의 지평을 넓히고 이를 바탕으로 행동으로 옮기거나 커뮤니케이션에 활용할 수 있는 힘을 말한다.

즉, 지금 시대의 진짜 교양인이란 기존의 '정적교양'을 포함해

AI시대에 대적할 수 있는 새로운 교양인 '동적교양'을 몸에 익혀 격변하는 세상에서 자유자재로 성장하고, 유연하게 삶을 영위해 갈 수 있는 사람을 말한다.

지금 꼭 필요한
새로운 지식 '동적교양'

'동적교양'이 구체적으로 무엇인지 해외여행을 예로 들어 설명해보겠다.

여러분은 패키지가 아니라 자유여행으로 이탈리아 여행을 떠났다. 공항 안내판에는 영어가 병기되어 있어 어떻게든 길을 찾았다. 그런데 겨우 시내에 도착해 주변을 둘러보니 길 안내 간판과 쇼핑몰 표지판은 모두 이탈리아어로 되어 있다. 간판에는 그림도 함께 그려져 있어 더듬더듬 추측하며 찾아가보지만 역시 영어보다는 이해하기 어려워 점점 불안감에 휩싸인다.

이때 떠오른 것이 스마트폰의 카메라를 비추면 자동 검색 기능을 제공하는 '구글 렌즈'. 이 기능을 사용하면 간판을 자동으로 번역해준다. 구글 렌즈는 언어를 모르는 해외에서 매우 유용하지만 집 근처를 산책할 때 눈에 띈 꽃의 이름 등을 검색할 때도 유용하다. '이 꽃 참 예쁘다. 이름이 뭘까?' 궁금하지만 뭐라고 검색해야 할지 모를 때 편리하다.

이탈리아 여행 이야기로 돌아가서, 간판을 읽을 수 있는 젤라토 가게가 많은 곳을 알게 되었다. 어디가 맛있는지 인스타그램에 검색해본다. 근처에 맛있어 보이는 가게가 있어 들어가보았다. 이탈리아어로 말할 수 없지만 '구글 번역' 앱을 사용하면 음성을 바로 통역해주기 때문에 점원과 대화도 문제없다.

이렇게 주변에 있는 도구를 사용해 얻은 지식을 실제 행동이나 커뮤니케이션에 바로 잘 활용하는 것이 '동적교양'이다. 나는 이것이야말로 새로운 시대의 교양이라 생각한다.

'동적교양'은 사회적 지위나 입지와 직결되지는 않지만, 수입과는 직결된다. '동적교양'이 수입과 직결되는 전형적인 예가 바로 유튜버이다.

IT기술을 활용해 영상을 촬영하고, 편집해 유튜브에 영상을 업로드한다. 이 영상이 인기를 얻고 조회수가 올라가면 협찬을 받아 수입으로 직결된다.

예를 들어, 십 대 유튜버가 평생 쓸 수 있는 부를 축적할 수 있다면 본인이 원하기만 하면 평생 일하지 않아도 먹고살 수 있다. 돈으로 시간을 사는 것이라고도 할 수 있다. 자유로운 시간을 이용해 평소에 관심 있던 학문을 탐구하기도 하고 예술활동에 시간을 투자할 수도 있다. 그러다 일이 하고 싶어지면 아무 회사에 취직해도 되고, 아니면 직접 창업을 해도 된다.

그 일터는 어떤 미래가 펼쳐질지 현재 시점에서 누구도 상상할 수 없는 보다 자유롭고 새로운 곳일지도 모른다.

당연한 말이지만, 기존의 '정적교양'을 쌓아도 자신이 목표로 하는 회사에 취업하거나 자격증을 따서 지금보다 새로운 곳으로 옮겨갈 수도 있다. 그러나 그곳은 낡은 시대의 가치관이 남아 있는 곳일 수도 있다.

그렇지만 기존의 '정적교양'과 함께 새로운 교양인 '동적교양'을 익히면 새로운 가치관에 눈뜰 수 있는 기회가 많아져 훨씬 자유롭고 새로운 곳에 도착할 수 있다.

독서로 얻은 지식을
실생활에 활용하는 방법

'정적교양'과 '동적교양'을 함께 몸에 익히면 훨씬 자유롭고 새로운 장소에 도착할 것인데, 그곳은 행동을 하지 않으면 안 되는 곳이다.

독서라는 '정적교양'의 경우 많은 사람들이 좋은 책을 만나도 읽었다는 경험에서 끝나고 만다. 이는 정말 안타까운 일이다. 책에서 얻은 지식과 정보를 업무나 실생활에서 어떠한 형태로든 활용할 수 있다면 인생을 바꾸는 것도 불가능은 아니다.

실제로 한 권의 책과 만나 책에 쓰인 구절에 감명을 받아 삶의 길을 발견한 인물이 있다. 고대 그리스 철학자이자 스토아학파의 창시자 제논(Zenon)이다.

제논은 기원전 335년에 키프로스섬 키티온에서 상인의 아들로 태어나 자신도 상인이 되리라 생각했다. 황제 신전에 납품되는 염료를 취급하며 젊은 나이에 큰 부를 이루었다.

그러던 어느 날, 페니키아에서 수입한 염료를 싣고 항해를 하다 거대한 태풍을 만나 배가 난파되었다. 무일푼이 된 제논은 아테나이에서 구걸하며 생계를 꾸릴 수밖에 없었다. 그러다 한 책방을 발견해 들어가 우연히 책 한 권을 집어 들었다. 그것이 바로 소크라테스의 제자 크세노폰이 쓴 『소크라테스의 회상』이란 책이었다.

이 책은 소크라테스가 세상을 떠난 후 생전 소크라테스의 연설을 옮긴 것이다. 제논은 이 책을 읽고 충격에 빠졌다. 당시 그리스에서 덕이 있는 자는 고귀한 부유층에게만 해당하는 이야기였다. 그러나 소크라테스는 단련하여 지혜를 구하면 누구나 덕을 갖출 수 있다고 말하고 있었던 것이다. 제논이 새로운 미래를 열어줄 한마디와 만나는 순간이었다.

흥분한 제논은 책방 주인에게 물었다.

"이 책에 나오는 사람과 만나려면 어디로 가야 하오?"

그때 우연히 냉소주의학파(Cynicism, 소크라테스의 제자 안티스테네스가 창시한 학파)의 철학자 크라테스가 책방에 들렀는데 서점 주인은 '저 사람을 따라가라'고 제논에게 말해주었다. 그날부터 제논은 크라테스의 제자가 되어 철학의 길에 몰두하게 되었다.

그로부터 20년 동안 제논은 뼈를 깎는 노력 끝에 자신만의 사상을 확립하고 아테나이의 아고라(광장)가 보이는 북쪽의 스토아 포이킬레라 불리는 주랑(기둥만 여러 개 있고 벽이 없는 복도. 스토아라고도 부른다)에서 강연을 하게 되었다. 이윽고 제논의 철학은 차츰 입소문이 났다. 그의 강의를 듣기 위해 사람들이 스토아로 몰려들었고, 그 사람들을 '스토아학파'라 부르게 되었다. 스토아학파의 철학은 제논이 세상을 떠난 후에도 제자들에 의해 명맥이 유지되었다.

제논의 이 일화가 지금을 사는 우리에게 주는 교훈은 '어떤 책을 보고 감명을 받았다면 직접 작가와 만남에 참석해 배우는 자세'이다. 제논은 책을 읽으면 읽은 것으로 끝내지 않고, 제자로 들어가 철학을 공부하며 행동으로 옮겼고, 이것이 그의 인생을 바꿨다.[1]

책을 읽으면 저자의 사유를 깊이 체험할 수 있다는 점이 장점인데 저자와 직접 만나면 책에 나온 내용을 더욱 생생하게 내 것으로 만들 수 있다.

저자와 만나는 일은 그리 어렵지 않다. 저자가 참석하는 세미나나 강연에 참여하면 된다. 강연에서 저자의 이야기를 직접 들으며 책 내용을 더욱 깊은 수준까지 이해할 수 있고, 내 것으로 만들 수 있다.

또, 강연장에서 저자를 직접 보면 그의 인품도 엿볼 수 있다. 인품을 알게 되면 어째서 저자가 이런 책을 쓰게 되었는지, 저자의 어떤 생각이 책에 담겨 있는지 등 책만 읽었을 때는 알 수 없는 지식을 얻을 수 있다.

저자와의 만남을 통해 단순히 좋아하는 작가였던 사람이 자신의 인생을 이끌어줄 멘토가 될 수도 있다. '나도 이런 사람이 되어야지'라며 몇 번이고 강연에 참여하며 멘토의 말과 행동을 내 것으로 만들어 결국에는 제논처럼 내가 다른 사람의 멘토가 될 날도 올 것이다.

강연을 잘 하지 않는 작가와 만날 수 있는 통로도 있다. 지금은 예전과 달리 저자 본인이 SNS나 블로그나 홈페이지를 운영하며 정보를 제공하기 때문에 이를 활용할 수도 있으므로 부디

꼭 시도해보기 바란다.

인생을 바꾸려면 독서 플러스 행동(독서 + 행동)이 필요하다.

동적교양에 날개를 다는 법

AI가 등장한 현대를 살아가는 우리에게 최대의 적은 '정체'이다. 혹은 사고가 정체된 사람이라 바꿔 말할 수도 있다.

정체를 사전에서 찾아보면 '어떤 일이나 상황 따위가 더 진전되지 못하고 일정한 범위나 수준에 그침. 앞으로 나아가지 못하고 한자리에 머무름'이라 되어 있다.

정체된 사람의 특징은 동적교양이 부족해 낡은 가치관에 머물러 있다는 점이다. 낡은 가치관을 버리지 못하면 결국 사고도 정체된다. 왜냐하면 가치관이란 정보가 새롭게 재편되지 않으면 옛날 사고방식에만 의존해야 하므로 그것만이 유일한 정답이라 믿기 때문이다. 사고가 정체된 사람들은 표면적인 것(규칙과 사례 등)에만 얽매여 어떤 일이나 현상의 본질을 보지 못한다.

'사람 위에 사람 없고, 사람 아래 사람 없다.'로 시작하는 『학문의 권장』으로 잘 알려진 후쿠자와 유키치(福沢諭吉)는 형식적이기만 하고 알맹이가 없는 관습이나 낡은 가치관에 얽매여 고정관념에 사로잡히는 것을 혐오해 '독립자존'이란 개념을 주장했다.

독립자존이란 자신의 외부에 있는 것들에 자신을 의지하지 않는다는 의미이다. 후쿠자와 유키치는 이런 정신이 일본인에게 가장 부족하다고 지적했다. 독립자존이란 이상향은 메이지 시대 이후 백 년이 지난 지금도 일본에서 뿌리내리지 못한 것 같다.

전형적인 예가 바로 TV가 아닐까 싶다.

예를 들어, 어느 정보 방송에서 '뇌에 좋은 이것!' '건강에 좋은 이것!'이란 문구가 나왔다고 하자. 이때 동적교양으로 정보를 받아들이지 않고, 방송에서 전해준 정보를 수동적으로 받아들이고 스스로 조사해보거나 생각하지 않는 사람은 자신의 외부에 스스로를 의탁하고 있다고 할 수 있다. 따라서 그 후의 사물과 현상의 본질을 파악할 수 없는 것이다.

그러나 현대 일본 사회에서는 인터넷에 접속만 하면 누구나 손쉽게 다양한 정보를 손에 넣을 수 있다. 방법만 알면 전문적인 정보나 최신 정보를 손에 넣을 수도 있다.

이처럼 스스로 알아보고, 정보를 바탕으로 자신이 가지고 있던 낡은 가치관과 정보를 새롭게 업데이트할 수 있으면 스스로 생각하는 사람이 될 수 있다. 중요한 것은 '정보를 손에 넣으려는 자세'와 '스스로 생각하려는 자세'이다. 이 두 가지 자세야말로 인풋이 정체되는 것을 방지하고, 정적교양뿐 아니라 동적교양을 내 것으로 만드는 첫걸음이다.

여기까지는 정적교양을 기존의 교양이라고 설명했기 때문에 이 책은 읽는 독자들은 독서가 정적교양이라 생각할 것이다. 그러나 실은 책은 읽는 방법에 따라 동적교양을 인풋하는 행위로 만들 수 있다.

참고로 말하자면 독서 없는 지식과 정보 습득은 아무리 인터넷이나 AI가 발달한다 해도 있을 수 없는 일이므로 책을 반드시 읽어야 한다.

동적교양을 확장하는 독서법은 제6장에서 소개한 잡식성

독서와 양적독서이다. 평소에 그다지 관심이 없는 장르를 골라 손에 잡히는 대로 조금 힘들더라도 도전해보는 것이 중요하다. 평소에 관심을 갖지 않는 분야의 책이 나의 시야와 교양의 폭을 넓히는 데 도움을 줄 것이기 때문이다.

곤도 마리에의 '정리법'이
세상을 움직인 이유

   그렇다면 동적교양을 발달시키기 위해서는 어떻게 해야 할까?

   이를 위한 방법은 세 가지로 정리할 수 있다.

   첫째, 넓게 공부하기

   둘째, 깊게 공부하기

   셋째, 기존의 상식을 의심하기

   첫 번째 '넓게 공부하기'가 왜 동적교양을 발달시키는 방법 중 하나인지에 관해 이야기해보자.

   미디어 연구의 일인자인 캐나다 마셜 매클루언(Marshall

McLuhan)은 1962년에 『구텐베르크 은하계』라는 그의 저서에서 '글로벌 빌리지(지구촌)'라는 말을 소개한다. 글로벌 빌리지란 TV나 라디오 같은 매스미디어에 의해 시간과 공간의 제약이 사라지고, 지구 전체가 하나의 마을처럼 강력한 연결성을 갖게 된다는 개념이다.

지금은 주로 인터넷을 지칭하는 메타포로 사용되고 있다. 인터넷을 통해 전 세계 이용자가 서로 연락을 주고받게 되어 커뮤니케이션이 전 지구적으로 확대됨과 동시에 웹을 통해 언제 어디서나 손쉽게 정보를 손에 넣을 수 있어 사회문화적 활동 측면에서 새로운 구조가 형성되고 있다.

세계화된 사회에서는 다양한 문화가 혼재하기 때문에 교양을 쌓기 위해서는 '넓게 공부하기'가 필요하다.

'넓게 공부하기'로 세계적인 성공을 거머쥔 사례로 '곤마리'라는 애칭으로 불리는 정리 컨설턴트 곤도 마리에(近藤麻理惠)를 들 수 있다.

곤도 마리에는 2010년에 『인생이 빛나는 정리의 마법』을 출간해 화제를 불러 모았고 2014년에는 영어로도 번역되어 베스트셀러에 올랐으며 2015년에는 '세계에서 가장 영향력 있는

1,000인'에 선정되어 세계적으로 '곤마리 붐'을 불러왔다. 열광적인 붐이 한 차례 지나간 후에도 미국에서 'kondo'라는 말이 '정리하다'라는 의미로 사용될 정도로 그 영향력이 지속됐다.

그녀가 어째서 이렇게까지 유명해졌는가 하면 정리를 그저 수납하는 기술이나 청소 스킬 몇 가지가 아니라 '설레는지 그렇지 않은지'를 기준으로 단샤리(斷捨離, 일본의 미니멀리즘에 해당 -옮긴이)를 하는 독자적 기준을 세웠기 때문이다.

곤도 마리에는 정리를 '물건과 대화를 나누는 작업'이라 칭한다. 예를 들어, 옷을 정리할 때는 그 옷과 '다시 만나고 싶은지 아닌지(설레는지 아닌지)' 생각한다. 남겨두기로 한 옷은 '내 것'으로 소중하게 대한다. 설레지 않는 옷은 '그동안 고마웠다고 인사를 한 후 보내준다.' 새 옷의 가격표를 뗄 때는 '탯줄을 자르는 경건한 의식'처럼 생각한다.

물건과 대화를 나누고 물건에도 마음이 있다고 믿는 사상은 모든 것에 신이 깃들어 있다는 야오요로즈노카미(八百万の神, 800만의 신이 사는 나라란 뜻으로, 만물에 신이 존재한다는 의미 -옮긴이)의 세계관과 맞닿아 있다.

곤도 마리에가 일본에서뿐 아니라 세계적으로 유명해진 것은 만물에 정령이 깃들어 있다는 정령신앙에 근거한 정신세계가 정리를 그저 스킬로 받아들이던 외국인들에게 신선하게 다가왔기 때문이 아닐까 생각한다. 이런 그녀의 사상은 『인생이 빛나는 정리의 마법』이 미국에서 베스트셀러에 오르면서 그녀 스스로 세계를 넓게 확장할 수 있었기에 얻을 수 있었던 성과가 아니었나 싶다.

전 세계가 연결된 오늘날에 곤도 마리에처럼 세계적으로 이름을 알리기 위해서는 먼저 세계를 넓게 공부하는 것이 중요하다는 사실을 알았으리라 생각한다.

인간만이 지닌 고유한 영역

곤도 마리에의 사례에서도 알 수 있듯이 '넓게 공부하기' 위해 먼저 필요한 것이 '전체를 보는 능력'이다.

전체를 바라본다는 것은 새처럼 하늘 높이까지 날아올라 상공에서 세상 전체를 조망하는 관점에서 바라보는 것이다. 교양을 쌓고 세상에 도움이 되고자 한다면 이 조망하는 능력이 꼭 필요하다.

왜냐하면 내 안에서 '이건 세상에 전례 없는 새로운 발견'이라는 기준이 없으면 나의 영감과 아이디어가 새로운 가치를 창출할 유일무이한 것인지조차 알 수 없기 때문이다.

전체를 보기 위해 필요한 것은 '세상을 넓게 공부하기'이다. 그러나 아무리 지식이나 정보를 쌓아도 이는 정적교양의 영역을 벗어나지 못한다. 지금은 안다는 것 그 자체에는 그렇다 할 만한 가치가 없다. 지식과 정보는 인터넷으로 검색하면 얼마든지 손에 넣을 수 있고, 인터넷이 보유한 지식의 양은 한 사람의 인간이 보유한 지식의 양을 훨씬 뛰어넘기 때문이다.

동적교양이 요구되는 시대에 필요한 '넓게 공부하기'는 지식을 공부하는 것이 아니라 알고 있는 지식과 새롭게 공부한 지식을 '재편성(reorganize)'하는 것이다. 재편성이란 지식 전체를 조망하여 재편집할 수 있는 감성과 직감이다.

현대미술가이자 팝 아티스트인 무라카미 다카시는 '슈퍼플랫(superflat)'이란 개념을 주창하며 세계에 이름을 알렸다.

슈퍼플랫이란 일본 회화 우키요에(일본 에도시대의 목판화 -옮긴이)와 현대 만화, 애니메이션의 플랫성(평면적인 특성. 원근법이 배제된 표현법)을 표현한 현대미술의 예술적 개념인데 이 개념을 발견하기 위해 일본의 미술사라는 정적교양을 가져와야만 했다.

한편으로 무라카미의 작품에는 애니메이션과 만화, 피규어 등 소위 말하는 서브컬처에 해당하는 오타쿠 소재를 모티브로

한 작품이 많다는 점으로 보아 현대 팝아트 전반에 정통했으며 나아가 아트를 경제활동으로까지 끌어올리는 등 동적교양도 축적한 사람이다.

무라카미는 정적교양과 동적교양을 겸비한 데다 시대를 읽는 감각과 예술에 관한 날카로운 감각이 있었기에 슈퍼플랫이라는 개념을 만들어낼 수 있었던 것이다.

무라카미처럼 현대 팝아트라는 말 그대로 시시각각 변화하는 분야의 정보를 수집해 이를 일본의 미술사와 접목해 재편성하는 감각은 아직 AI가 할 수 없는 인간만이 지닌 고유한 영역이다.

그렇다면 시대를 읽는 감각과 감성을 어떻게 키울 수 있을까. 일단 지금 생생하게 움직이는 즉시 정보를 수집해 동적교양을 인풋하는 방법을 들 수 있다.

이렇게 하여 정적교양과 동적교양, 감각, 감성 모든 것이 하나로 연결되고 '지금은 이게 가치가 있어. 이걸 하면 분명 잘될 거야'를 직감적으로 알 수 있게 될 것이다.

세상을 '넓게 보는' 힘을
기르기 위한 도구

TV가 등장하기 이전에는 라디오가 최신 정보에 접근할 수 있는 최적의 도구였으나, 지금은 SNS가 그 역할을 하고 있다 할 수 있다. SNS 중에서도 내가 특히 주목하는 것이 X(구 트위터)이다.

'이제 와서 X?'라고 생각할지도 모르지만, X를 보면 지금 세상에서 일어나는 대부분의 일을 파악할 수 있다. 이는 X에 트렌드 기능이 있기 때문이다. 트렌드 기능은 스마트폰이 있으면 화제 검색 탭에 '트렌드' 섹션에 표시된다.

트렌드가 어떻게 결정되는가 하면 팔로우하는 계정, 흥미, 위치정보를 기반으로 개인에 맞춰 트렌드를 제공한다. 트렌드로 표시되는 단어는 최근 며칠 혹은 오늘 하루만 화제가 되는 주제가 아니라 지금 시대에 주목받는 키워드를 선정하기 때문에 X에서 최근에 화제가 되는 최신 트렌드를 실시간으로 손에 넣을 수 있다.

이때 중요한 점이 팔로우 목록이다. 자신이 원하는 정보나 알고 싶은 정보를 손에 넣기 위해서 흥미나 관심 분야 정보를 올리는 사람들을 팔로우해서 팔로우 목록을 만드는 것이다. 나의 팔로우 목록은 내가 그들이 올린 글을 항상 파악하고 싶은 사람들로만 구성되어 있다. 따라서 이 팔로우 목록을 보면 나의 흥미나 관심에 따라 화제가 되는 주제의 전체적인 흐름을 파악할 수 있다.

내가 X의 트렌드 키워드를 체크하는 시간대는 이른 아침이다. 이 시간대가 X의 트렌드 키워드가 가장 활발하게 움직이는 시간이기 때문이다. X의 주된 이용자는 십 대부터 삼십 대까지의 젊은 세대로 그들이 학교나 회사에 가기 전 아침 시간에 글을 올리기 때문이다.

내가 젊은 세대의 피드에 집중하는 이유는 젊은 세대는 최첨단 정보에 민감하게 반응하고, 실시간으로 해당 정보를 생활 속에서 접하는 세대이기 때문이다. 내게 젊은 세대의 피드는 지금이 시대에 일어나는 일을 실시간으로 손에 넣을 수 있는 귀중한 정보원이다.

젊은 사람들이 관심을 두는 분야나 흥미 있어 하는 트렌드 키워드를 내 나름대로 음미하는 사이 나의 동적교양도 쌓인다. X를 하면 나의 영향력을 키울 수 있다는 장점도 있다.

2018년에 『초라하게 창업해서 잘 살고 있습니다』라는 책이 출판계를 강타했다. 저자 야우치 하루키의 본업은 경영 컨설턴트였으나 트위터(지금의 X)에 올린 글들이 주목을 받으며 팔로워가 급격하게 증가해 책을 출판하기까지 한 사람이다.

그때까지 무명이었던 사람이 개인 SNS에 글을 올려 순식간에 주목을 받아 유명인 반열에 오른다. 이 흐름은 최근에 자주 보이는 현상인데 그들은 어떻게 이렇게 단시간에 주목받을 수 있었을까? 이는 그들이 올리는 정보에 가치가 있기 때문이다. 반대로 말하면 누구나 알고 있는 정보를 아무리 올려도 누구도 관심을 주지 않을 것이다.

올린 글에 그 사람만의 개성이 있고, 많은 사람이 그 정보가 가치가 있는 정보라 인식하면 학벌이나 직업과 상관없이 사회적 지위를 손에 넣을 수 있는 것이 지금 세상이다.

그 사람만이 가진 고유한 정보를 가진 사람이 주목받는 지금 시대야말로 X로 동적교양을 익혀 이를 내 안에서 음미하고 고유한 정보로 발신하는 능력이 요구되는 것이다.

내가 올린 정보에 고유한 가치가 있는지에 관한 판단은 세상이 내린다. 즉, 리포스트(트위터의 리트윗에 해당) 수나 팔로워 수가 많으면 많을수록 가치가 있는 정보라는 반증이 된다.

처음에는 리포스트 수나 팔로워 수가 미미할 수 있으나 시행착오를 반복하며 동적교양을 익히면 어느덧 가치 있는 정보를 발신하는 힘이 생길 것이다.

'깊이 알기' 위해
클러스터를 발견하고 깊이 파자

동적교양을 기르기 위해 필요한 능력 두 번째 '깊이 알기'에 관해 이야기해 보자.

첫 번째 '넓게 알기'와 마찬가지로 '깊이 알기', 즉, '넓고 깊게 알기'가 교양을 기르기 위해 필요한 소양인데 바쁜 현대인에게 넓고 동시에 깊게 공부하기 위해 할애할 시간도 여유도 있을 리 만무하다.

그래서 내가 제안하는 방법은 모든 것을 '깊게' 알 필요는 없고, 자신의 직업이나 취미, 관심 분야와 관련된 클러스터(집단 혹은 모임)를 찾아 해당 분야만 깊게 파는 것이다.

한 세대 전에는 클러스터라 하면 TV의 시청률이나 신문의 발행 부수, 책의 인쇄 부수 등으로 메이저와 마이너로 손쉽게 구분할 수 있어 누구나 한눈에 알 수 있었다.

그러나 인터넷이 등장하며 이제까지 주목받지 못하던 것에도 일정한 클러스터가 생겨나기 시작했다. 지금까지는 개개인의 관심 분야에서 오랫동안 사랑받는 클러스터가 존재하고 각각의 클러스터를 주도하는 사람이 있었다.

예를 들어, 어떤 사람이 동인지(경향이 같거나 뜻을 함께하는 문인들이 모여서 발행하는 잡지 -옮긴이)에 만화를 그려 이벤트성으로 판매한다고 해보자. 그 만화는 결코 주류가 될 수 없으나 일부 사람들에게 열렬한 사랑을 받는다. 여기에 그친다면 비주류 만화라는 카테고리에서 활약하는 것으로 끝이겠지만, 이런 비주류 만화가 SNS에서 화제가 되어 인기를 얻으면 더 이상 비주류의 영역에 머무르지 않는다.

지금 시대는 사람들의 관심사가 다양해지고 있기 때문에 클러스터가 전 세계적으로 무수히 존재하고 있으며, 세분화되고 있다. 그리고 클러스터마다 공유하는 정보의 종류가 상이하다.

무엇이 주류인지 경계가 모호해진 시대에 누구나 아는 TV

에서 다루는 주류 정보, 즉, 정적교양만 추구하면 동적교양을 기를 수 없다.

그보다 자신의 관심 분야에 안테나를 세우고 나에게 중요한 클러스터를 발견해야 한다. 나만의 클러스터를 발견했다면 이에 관한 지식과 정보를 수집하고, 깊이 파고들어보자.

지식 편중형에서
프로젝트형 학습으로 가는 프로세스

다음으로는 나에게 중요한 클러스터를 깊이 파기 위한 구체적인 방법에 관해 이야기해보자.

내가 최근 몇 년간 주목하는 것 중 하나가 '프로젝트형 학습'이다. 전 세계 교육 현장에서도 '지식 편중형 학습에서 프로젝트형 학습으로'라는 큰 흐름이 시작되었고, 일본에서도 2020년부터 실시된 '신(新)학습지도요령'에서 '주체적이고 대화를 통한 심화 학습'이 도입되었다.

프로젝트형 학습은 과제 해결형 학습이라고도 불리는데 이과 및 사회, 영어와 같은 특정 교과를 공부하는 것이 아니라 교과를 넘나드는 탐구학습으로 프로젝트나 목표 달성을 위한 학습이다. 프로젝트형 학습은 이를 통해 배움에 대한 의욕이나 사고력 향상, 지식 습득으로 이어진다.

그렇지만 일본의 학교에서는 이미 정해진 답이 있는 교과서 중심 학습이 대부분을 차지하고 있으며, 설령 프로젝트형 학습을 한다 해도 조사한 바를 발표하는 것에 그치는 '조사 학습'인 경우가 많다. 프로젝트형 학습에서 중요한 것은 스스로 공부하고 싶은 분야를 찾아 계획을 세우고 정보를 수집 및 분석하여 나름의 결론을 도출하고 나아가 이를 알기 쉽게 표현하는 것이다.

이 프로젝트형 학습의 방법에 관해 쓴 책이 스웨덴 카롤린스카 연구소 교수였던 한스 로슬링 교수의 유작 『팩트풀니스』이다.

이 책은 교육, 빈곤, 환경, 에너지, 의료, 인구문제 등을 주제로 통계적 데이터 및 사실에 근거하여 세계를 통찰한 결과 '세계는 보이는 것만큼 그렇게 극적이지 않다'는 메시지를 전한 것으로 TED에서 전설의 강연이라 불리며 동영상 조회수 3,500만 회 이상을 기록했고, 책은 세계적인 베스트셀러에 올랐다.

그러나 『팩트풀니스』에서 다루는 주제는 지금까지 몇 번이나 다뤄졌던 주제로 과제 그 자체는 새로울 것이 없으나 같은 주제를 다룬 책 중에서 『팩트풀니스』가 유독 주목을 받았다.

그 이유는 데이터를 한눈에 이해할 수 있도록 시각화했다는데 있다. 이 작은 차이로 『팩트풀니스』는 베스트셀러에 오를 수 있었다. 그리고 그 작업은 메인 저자 한스 로슬링의 아들 올라 로슬링, 며느리 안나 로슬링 뢴른드가 함께 했다.

이 책은 메인 저자인 한스 로슬링이 '과제'를 발견하고 '정보수집'을 하여 '전략'을 세우면 한스 로슬링의 아들과 그의 며느리가 '해결책'을 제시하는 아래와 같은 프로젝트 학습의 순서에 맞춰 작성되었다.

1. (과제) 세계는 보이는 것만큼 그렇게 극단적이지 않다는 정보를 전달하겠다.

2. (정보수집) 같은 주제를 다루는 책은 인기가 없다는 데이터를 확인했다.

3. (전략) 어떻게 하면 주목받는 책을 쓸 수 있을지 전략을 세운다.

4. (해결책) 데이터를 그래프로 시각화하여 표현하여 한눈에

알기 쉽게 표현한다.

　앞으로 필요한 것은 혁신적인 기술이나 아이디어로 새로운 가치를 창출하고, 사회에 막대한 변화를 불러오는 혁신을 일으킨다. 이 혁신을 일으키는 토대가 바로 프로젝트형 학습이다.

　흔히 공교육은 실생활에 도움이 되지 않는다고 비판하는데, 프로젝트형 학습은 과제 해결을 위해 전략을 세우고 정보를 수집하며 수동적인 학습에서 벗어나 지식을 현실에 접목하며 심화학습하기 때문에 그 자체로 실전형 학습으로 이어진다.

　따라서 여러분도 프로젝트형 학습을 의식하며 내가 관심 있는 클러스터를 찾아 과제를 발견하고, 정보를 수집해 전략을 세워 실천해보길 바란다. 그리고 이 과정을 반복하면 결과적으로 동적교양을 축적할 수 있다.

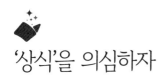

'상식'을 의심하자

동적교양을 기르기 위해 필요한 능력 세 번째는 '상식을 의심하기'이다.

어째서 상식을 의심하는 힘이 필요할까? 테니스 4대 메이저 대회 중 하나인 '윔블던 선수권'과 일본 스모협회가 주최하는 오즈모(大相撲)를 예로 들어 생각해보자.

윔블던 선수권은 매년 6월 마지막 월요일부터 2주간의 일정으로 영국 윔블던에서 개최되는데 1970년대 이후 문호를 개방했다. 그 결과 외국 선수들이 우승을 차지하며, 자국민인 영국 선수들은 순위권에 거의 오르지 못했다. 이를 빗대어 '자유 경쟁으로 인해 외국계 기업이 개방된 시장을 석권하는 현상'을 표현 하는 말로 '윔블던 현상'이라는 말이 생겼다.

실은 일본 스포츠에서도 윔블던 현상이 관찰되는 경기가 있다. 바로 오즈모이다.

오즈모에서는 1990년대 경에 아케보노 다로, 무사시 마루, 고 니시키 등 하와이 출신 외국인 선수가 활약하기 시작했고, 그 후 바루토나 고토오슈 등 외국 출신 선수, 그리고 아샤쇼류를 필두 로 2021년 은퇴한 하쿠호, 데루노후지, 기리시마 등 몽골 출신 선수의 활약이 이어지고 있다.

이에 따라 스모협회에서는 외국인 선수의 지나친 강세를 이 유로 2010년부터 한 도장에 외국인 한 명으로 숫자를 제한하는 규정을 마련해 외국인 선수 인원을 규제했다.

윔블던 선수권이나 오즈모에서 왜 윔블던 현상이 일어나는 것일까? 다양한 원인을 생각해볼 수 있으나 그중 하나가 자국 선수들이 기존의 상식과 낡은 가치관에 지나치게 얽매여 있기 때문이 아닐까 싶다.

오즈모의 경우 예전에는 아샤쇼류, 최근에는 하쿠호 등 외국 인 스모 선수의 경기 스타일과 경기 매너가 '전통 스포츠 오즈모'에 적합하지 않다며 관객들의 비난을 받기도 했다.

이런 일이 발생한 배경은 관객과 스모협회가 '전통 스포츠 오즈모'라는 전통과 권위에 집착했기 때문이다.

물론 전통 스포츠 오즈모의 품위를 지키기 위해서는 전통을 중시하는 태도도 중요하다. 그러나 전통적 스포츠의 품위를 지키면서도 기존의 상식이나 낡은 가치관을 의심하고, 세계화의 흐름 속에서 오즈모가 나아가야 할 올바른 방향을 모색해야 한다.

이렇게 '당연한 상식'과 '기존의 교양'을 의심할 때 동적교양은 더욱 깊이 뿌리내릴 것이다.

교양은 좋아하는 걸 즐기면서
몸에 새기자

본래 교양이란 인간을 자유롭게 하는 것이나 지금까지 학교 교육에서 가르치는 교양은 '사회에 나가기 위한 준비로서의 교양'임을 부정할 수 없다.

사회에 나갈 준비이므로 실전에서는 도움이 되지 않는 기초적인 지식이라는 말이다. 단적으로 말하면 암기를 비롯한 테크닉으로 해결할 수 있는, 답이 하나로 정해져 있는 문제에만 대응할 수 있는 교양, 시험에서 높은 점수를 받기 위한 교양이다. 이런 교양이 정말 인간을 자유롭게 할 수 있을까?

시험에서 높은 점수를 받는 것도 제한된 조건에서는 인간을 자유롭게 할 수 있을 수 있을 것이다. 반드시 의사가 되겠다는 사람에게는 의대 진학이 필수이다. 의대에 들어가기 위해서는 시험 테크닉이나 노하우가 필요하다는 것이 당연하므로 어느 정도 수험의 기술을 배우는 것도 틀린 것은 아니다. 의사가 되는 것이 그 사람에게는 자유를 손에 넣는 일이기 때문이다.

다만 의대에 들어가기 위한 시험 테크닉은 의대에 합격한 후에는 대부분 쓸모없는 교양이 됨은 확실하다. 의대에서 배우는 교양이나 실제로 의사가 된 후에 배우는 교양은 테크닉과 전혀 다른 것이기 때문이다.

나는 지금의 교육에서 교양의 올바른 모습과 편차치 입시에 대해 무조건 반대하는 입장은 아니나, 답이 하나뿐인 입시 시험으로 그 사람의 학업능력을 평가하는 것은 다양성이 강조되는 지금 시대의 흐름을 생각하면 낡은 교육관이라는 생각을 떨칠 수 없다.

왜냐하면 지금의 동적교양은 어떤 사람이 되기 위한 과정이 아니라 바로 실천할 수 있는 능력으로 변하고 있기 때문이다. 무언가를 하면서 동시에 동적교양도 갖추는 방향으로 바뀌고 있는 것이다.

학교에 가면서 혹은 일하면서 자신의 관심 분야인 장기를 두는 강력한 프로그램을 만들어보기도 하고, 낙엽의 다양한 활용법을 고민해보기도 하고, 무라사키 시키부(紫武部, 11세기 초의 일본의 여류 문학가 -옮긴이)가 현대로 타임슬립을 한다면 어떤 작품을 썼을지 직접 써보기도 하고 말이다.

실제로 강력한 장기 프로그램을 만든다면 장기에 관한 지식과 IT 기술 및 경험이 필요하다는 것에 모두 동의할 것이다. 그렇다면 더 많은 공부를 한 후에 만들어야 하냐면 그것은 또 아니다. 일단 프로그램을 만들어봐야 한다. 이 작업을 하면서 자신에게 부족한 스킬이나 지식이 무엇인지 실제로 부딪쳐보면서 깨닫고 배우는 것이다. 이런 경험이 축적되면 프로그램을 만드는 것도 그저 꿈은 아니다.

내가 하고 싶은 말은 무언가가 되기 위해 일단 학교에서 배운 지식을 충분히 습득하고 그다음에 IT 관련 공부를 더 해야한다는 기존의 상식이나 착각을 먼저 의심해보자는 것이다.

원하는 일을 하고 싶다, 좀 더 자유로워지고 싶다, 더 멀리까지 가보고 싶다, 관심 분야를 깊이 파보고 싶다는 생각이 들면 바로 실천해야 한다. 실제로 이렇게 해야 도움이 되는 지식과 스킬, 경험을 습득할 수 있다.

무엇인가 되고 싶을 때, 하고 싶은 일이 생겼을 때 바로 행동으로 옮기는 것이 진정한 교양을 익히는 방법인 것이다.

제7장에서 다룬 책

『독립지존 후쿠자와 유키치와 메이지 유신(独立自尊　福沢諭吉と明治維新)』기타오카 신이치

『구텐베르크 은하계』마셜 매클루언

『인생이 빛나는 정리의 마법』곤도 마리에

『초라하게 창업해서 잘 살고 있습니다』야우치 하루키

『팩트풀니스』한스 로슬링, 올라 로슬링, 안나 로슬링 뢴른드 공저

참고문헌 및 자료

제1장

1   사고력은 자란다! 성인이 된 후에도 뇌를 발달시키는 방법
     (https://www.nikkei.com/nstyle-article/DGXMZO74673850R10C21A8000000/)

2   뇌를 최대로 활용하는 뇌 의학자가 추천하는 공부법
     https://www.nikkei.com/article/DGXMZO38218960X21C18A1000000/)

3   뇌와 창의력, 모기 겐이치로 게이오 ＭＣＣ 세키가쿠 리포트
     (https://www.keiomcc.com/magazine/post_98/)

4   독서는 뇌에 '영구적으로 영향'을 준다. 소설과 비소설 간 차이도 존재 (https://
     nazology.net/archives/43660)

5   〈뉴스위크〉 일본판 2018년 10월 25일 자 기사
     (https://toyokeizai.net/articles/-245484?display=b)

6   하루 30분 독서로 스트레스 감소!? 멘털리스트 DaiGo가 알려주는 멘털 강화 기술
     (1)
     (https://www.lettuceclub.net/news/article/151916/)

7   현실 도피의 최고 방법은 독서? 스트레스 완화 이유와 추천 도서 소개 (https://
     jsdmcp31.jp/reading-reality-escape)
     발견! 독서가 스트레스 해소에 도움이 되는 이유는? 본격 해부!
     (https://love-freedom-peace.com/4375/)

8   지적 호기심이 뇌의 힘을 기른다, 치매 예방
     (https://tokuteikenshin-hokensidou.jp/news/2013/002963.php)

9   '나이 때문에 안 돼' '건망증이 심해졌다'는 착각? 모기 겐이치로가 알려주는 뇌의 노
     화를 늦추는 마인드 훈련 3가지 '뇌는 언제든 성장한다.' 건강 부인과 공론
     (https://fujinkoron.jp/articles/-/9359)

제2장

1   1517 밤 『원칙 없는 일본(プリンシプルのない日本)』 시라스 지로(白洲次郎)
    마쓰오카 세이고(松岡正剛)의 센야센사쓰(千夜千冊) 참조 (https://1000ya.isis.
    ne.jp/1517.html)

2   마크 저커버그- Facebook을 만든 남자의 학창 시절
    (https://www.co-media.jp/article/9312)
    왜 저커버그는 세계 최고가 되었나? 대학생이 SNS의 상식을 뒤집은 "심플한 이유"
    (https://www.co-media.jp/article/9312)

3   뇌과학자도 경악한 AI의 진화, 일본 교육 현장에 'Chat GPT' 도입은 필요한가?
    (https://s.mxtv.jp/tokyomxplus/mx/article/202307030650/)
    잡지 『Newton』 2023년 10월호 'Chat GPT의 교과서'

4   독서는 손의 촉감으로도 한다? 전자책과 종이책의 차이점 연구https://www.
    itmedia.co.jp/ebook/articles/1408/27/news021.html)
    전자책보다 종이책으로 읽을 때 내용이 더 오래 남는다: 연구로 밝혀져(https://
    www.lifehacker.jp/article/140906paperbook/)

제3장

1   스티브 잡스에게 영감을 준 14권의 책
    (https://www.businessinsider.jp/post-190863)

2   독서량은 일반 사람의 38배!? 빌 게이츠와 야나이 다다시, 부자들의 공통적인 '독서
    습관'
    (https://www.f-academy.jp/contents/column/?p=20702)

제4장

1 EQ 높은 사람의 특징은? EQ(정서 지능지수) 중심 인재 육성에 관한 해설, 온라인 연구 인재 육성 School 법인 기업 대상 서비스 (https://schoo.jp/biz/column/779)
AI시대에 요구되는 '정서적 지능지수' EQ란?
(https://www.nomura.co.jp/el_borde/article/0021/)

2 독서는 뇌에 '영구적으로 영향'을 미쳐. 소설과 비소설 간 차이도 존재(https://nazology.net/archives/43660)

3 독서와 공감능력이 타인을 이해하기 위한 열쇠
(https://medium.com/@LiteraryPages/empathy-reading-2718a1574a46)

4 순수문학으로 공감능력을 높여보자, 꿈과 희망의 영어 학원
(http://go-sensei.indec.jp/?eid=1351)
소설을 읽으면 공감능력이 배양될까?
(https://jp.wsj.com/articles/SB10780138144506903447704582435722102759802)

5 사회적 감수성? 사회적 감수성이 높은 사람과 낮은 사람의 특징과 높이기 위한 방법
(https://eq-bank.com/what-is-social-sensitivity/)

6 모기 겐이치로(뇌과학자)가 말하는 '독서가 뇌에 미치는 효과'(https://benesse.jp/kyouiku/201312/20131218-1.html)

제5장

1 뇌가 바뀐다! 신경외과의가 추천하는 인생을 바꾸는 독서
(https://www.businessinsider.jp/post-176728)

2 소설 읽기로 장기적으로 뇌에 영향이 나타난다
(https://mure8.exblog.jp/22229962/)

제6장

1   [오디오북이란] 장점과 추천 앱 전격 비교

(https://www.mottainaihonpo.com/kaitori/contents/cat07/057-audiobook-

toha.html)

[오디오북] 바빠도 매일 독서량을 손쉽게 늘리는 방법

(https://koaten-blog.com/how-to-increase-daily-reading-volume/)

2   『초효율 듣기 공부법』 p9, 『'오디오북'으로 더 많이 읽자!』 p36, 39 우에다 와타

루(上田渉), Discover 21

제7장

1   부동의 영혼으로 살아남는, 스토아학파의 제논~'아테나 학당' 슈퍼 가이드 ③

(https://www.tryeting.jp/column/8214/)

뇌과학자는 이렇게 책을 읽습니다

휩쓸리지 않는 나만의 축을 세우는 법

1판 1쇄 발행 2024년 12월 20일

지은이 | 모기 겐이치로
옮긴이 | 한주희
펴낸이 | 신현숙

디자인 | EHSOO design studio 김태수
일러스트 | sua stay
사진 | Itaru Hirama 2021

인쇄·제본 | 한결그래픽스

펴낸곳 | 어썸그레이
주소 | 경기도 김포시 양도로 9, 4층, 454
등록 | 2023년 12월 12일 제409-2023-000102호
이메일 | awesomegrey@naver.com
전화 | 070-7607-4624

ISBN 979-11-988953-1-8 (03190)